JN410244

윤수영 수필집

조출한 기쁨으로

조촐한 기쁨으로

윤수영 수필집

1판 1쇄 인쇄/ 2013년 4월 10일
1판 1쇄 발행/ 2013년 4월 15일

지은이 / 윤 수 영
펴낸이 / 우 희 정
펴낸곳 / 도서출판 소소리

등록 / 제300-2007-21호
주소 110-521 서울 종로구 명륜동 1가 33-90
경주이씨 중앙회빌딩 302-1호
전화 / 765-5663, 766-5663(Fax)
e-mail: sosori39@hanmail.net
www.sosori.net

값 10,000 원

*잘못된 책은 바꿔드립니다.

ISBN 978-89-97294-31-2 03810

조촐한 기쁨으로

윤수영 수필집

책을 내면서

따사로운 햇볕이 어쩐지 고맙게 느껴지던 2005년 3월의 어느 토요일 아침 전화가 울렸습니다. 천만뜻밖에도 학술원 원장 김태길 박사님이었습니다. 너무 황송해서 얼떨떨한 가운데 귀를 기울였습니다.

지난해 가을에 발간한 수필집 『잔잔한 은혜(2004년)』를 읽었다면서 시간이 되는 대로 학술원 원장실로 오라는 말씀이었습니다.

기쁘고도 두려운 마음으로 원장실을 찾아 갔습니다. 제 수필의 내용보다 화려한 학력 때문에 읽으셨다면서 앞으로 무엇을 하겠느냐고 물으셨습니다. 저는 수필의 길에 이제 들어섰으니 좋은 작품을 쓰는데 노력할 예정이라고 대답했습니다. 그 말에 선생님은 '무슨 회니' 하는 단체에 들어가지 말고, 사유가 있는 지적인 글을 쓰라고 충고해 주셨습니다. 그 말씀을 주시려고 부르신 것이었습니다.

글을 쓸 때면 사유가 있는 지적인 글을 생각합니다. 하지만 아직도 노력과 재능이 부족한 탓인지 뜻대로 되지 않습니다. 소재를 발견하는 순간 향기로운 글을 쓰려고 하는데도 그때마다 잡다한 세상사에서 벗어나기가 어려웠습니다. 그동안 실크로드를 다녀온 후 사막의 매력에 빠져서 『실크로드의 흔적(2008)』이라는 기행수필집을 냈습니다. 그다음은 남편을 따라 연변대학에 여섯 달 머물면서 우리 동포인 조선족의 실상을 깨닫고 그들의 따뜻한 정에 감동해서, 『낯선 길에 조선을 찾아(2010)』를 발간했습니다.

김태길 선생님과 약속을 지키지 못했는데 선생님은 세상을 떠나셨습니다. 살아계셨을 때 사유가 있는 지적인 작품집을 보여드리고 싶었는데…. 그 사이 사이에 쓴 글들이 모아졌습니다. 부끄럽지만 저의 삶이기에 하나로 묶어 세상에 내놓습니다.

진정 사유가 있는 지적인 글을 쓰고 싶습니다. 아직도 세상일에 흔들리며 사느라고 언제쯤 그런 글에 도달할지 마음만 간절합니다. 그래도 선생님이 주신 말씀을 지키기 위해서 앞으로도 계속 노력할 것입니다. 자상하고 고마우신 선생님이 제게 주신 말씀은 한 줄기 빛입니다.

컴퓨터 작업에 문제가 생길 때마다 옆에서 고쳐주고 묵묵히 뒤에서 격려해 준 남편에게 고마움을 표하고 싶습니다.

2013년 늦봄에

저자 윤수영

▶차 례

2. 마음 밖은 구름을 따라

3. 억새꽃 바람

4. 사계를 다잡는 길

5. 언어로 쓰는 풍경

1.

그리움과 아쉬움

사막에서

실크로드라는 어휘에 아름다운 환상을 가지고 있었다. 모래바람이 휘몰아치는 사막 한가운데서 태양의 열기와 목마름을 견디며 이 길을 통과했던 사람들에 대한 동경과, 그들이 만들어 놓은 불상과 불화를 보고 싶었던 소망이 내게 실크로드 여행을 열었다.

2천여 년 전, 비단을 구하러 중국으로 갔던 상인들이나 불교를 전하기 위해 죽음을 무릅쓰고 낙타를 타고 다녔던 구법승려들을 상상하며, 풀 한 포기 나무 한 그루 없는 황량한 사막을 버스로 달리고 있다. 아무리 둘러보아도 사막은 하늘과 땅이 맞닿은 지평선만 있을 뿐, 그 지평선은 가도 가도 끝에 다다르지 않았다. 그런데도 바람결에 이루어진 모래 무늬는 사람의 손으로 빚은 것보다 더 정교하고 아름다웠다.

갑자기 뿌연 먼지가 앞을 안개처럼 가린다. 자세히 보니, 여기저기에서 돌풍이 바람기둥이 되어 빙빙 돌며 위로 오른다. 그 돌풍에서 오는 황사현상인 것 같다. 시간이 지나면서 창밖이 맑아지더니 오른쪽으로 멀리 보이는 천산산맥의 만년설이 햇빛에 눈부시게 빛나고, 곧게 뻗은 고속도로를 따라 버스는 여전히 지평선을 향하고 있다.

가끔 드문드문 널려 있는 마른 낙타풀(로우타우차우)을 스친다. 키가 50cm정도 밖에 되지 않는 풀은 억세고 빳빳한 가시가 있어서, 낙타가 먹고 나면 입이 피로 붉게 물든단다. 물이 없는 곳에서 살며, 생명을 지켜야하는 낙타풀은 낙타에게 먹이로 뿌리까지 내어 주지 않는다. 가시가 있어 낙타에게 통째로 먹히지 않고 살아남는다. 피투성이가 되더라도 낙타풀 밖에 먹을 것이 없는 낙타와 가시로 삶을 지탱해야하는 낙타풀, 동물과 식물의 생존방식이 눈물겹다.

어떤 작가는 실크로드 여행에서 돌아와 집에 들어서며 "지옥"에 갔다 왔다고 기록했지만, 나는 지금까지 살아온 우리 국토와는 전혀 다른 사막에 원시적인 매력을 느꼈다. 조금만 틈이 생겨도 비집고 올라오는 풀은 어느 곳이나 있는 줄 알았는데, 사막은 푸른빛이라고는 전혀 없는 무한한 세계였고, 그 무한함이 나를 사로잡았다. 끝없이 펼쳐지는 타클라마칸 사막의 망망함이 그저 좋았다. 아무것도 가로막지 않는 사막에 나는 그대로 앉고 싶었다. 하늘과 모래만이 존재하는 사막은 그동안 몰랐던 단조로움으로 평안을 안겨 주었다.

거대한 모래 언덕에 가까운 명사산도 있었다. 그 산은 자연이라기보다는 예술가가 조각한 작품에 가까웠고, 그 산에 다가가기 위해 신발을 벗고 모래를 밟으며 걸었다. 발에 닿는 모래는 밀가루처럼 고왔다. 해가 기우는 저녁이라 그리 덥지 않은 때인데도 모래 위에서 걷는 것은 힘들었다. 한 걸음 한 걸음 앞으로 내디뎌도 원하는 만큼 가지 않고 제 자리에 있는 것 같았다. 명사산은 조금도 가까워지지 않고 언제나 그 자리에 있었다. 그렇게 제자리에서만 허우적거리는 동안, 이곳에 오기까지 비행기와 기차, 버스 등에 의존했다는 생각이 들었다. 눈앞에 있는 산으로 가는 것도 이토록 힘들거늘, 아무 표지도 없는 사막을 걸어야 했던 옛사람들의 고통은 어떠했을까.

몇 몇 오아시스 도시는 사막이라는 사실을 잊을 정도로 발달했다. 천산 산맥의 만년설이 녹은 물을 지하로 이끌어 인공적으로 만든 '카레즈(지하수로)'를 이용하여 살고 있는 도시였다. 그래도 오아시스 도시가 있기에 관광객으로 사막을 잠시라도 스쳐 지나갈 수 있다는 것은 커다란 행운이었다.

왜냐하면 광대한 사막은 현재를 잠시 벗어나 삶의 의미를 생각하라고, 일방적으로 발전하는 문명의 편리함에 길들여지는 내게 브레이크를 걸었기 때문이다.

오래전에 이 사막을 지나다녔던 상인들에게, 삶의 목표는 가능한 많은 이익을 빨리 남기고, 집으로 건강하게 돌아가는 것이었다. 목표는 다르지만, 나도 날마다 부지런히 사는 것을 최선의 삶이라고 생각했다. 그 부지런함은 조급증으로 이어져 더 빠른 속도로 달리는 자를 부러워하며 무조건 쫓기에 바빴다.

이제 바람이 만든 가파른 능선을 바라보면서, 바람이 그려낸 물결 모양의 무늬로 된 모래 위를 걸으며, 바람과 모래와 지는 해밖에 없는 고독한 세계에서 나는 시지프스를 떠올렸다. 굴러 떨어질 줄 알면서도 날마다 바위를 산꼭대기로 밀어 올리기를 반복했던 시지프스.

끝없는 사막은 조급증에 시달렸던 내 마음을 진정시켰다. 모든 것이 정지된 듯한 사막, 모래와 죽음만이 있는 사막에서 돌아 온 후로, 옛날에 그곳을 통과했던 대상들과 구법승려들을 자주 생각하게 된다. 그들이 고난을 견딜 수 있었던 것은, 목표를 향한 강한 의지뿐만 아니라 사막을 지배했던 절대적 고요와 그 무한한 단순함이 아니었을까. 그러한 힘은 문명으로 닫혔던 내 가슴도 활짝 열리게 하는 반란을 일으켰다.

TV에서 집안일을 대신하는 홈네트워크 시스템이 설치된 새 아파트에 대해 이야기하고 있다. 그러나 쓸쓸하고 광활한 사막이 그 뉴스를 지워 버린다.

노교수의 눈물

선후배가 만나는 모임에 Y교수님이 오셨다. 우리들에게 고전문학을 강의하셨던 선생님은 국문과 교수이기보다는 농촌봉사활동으로 더 많이 알려진 분이었다. 여름방학이 되면 한 해도 빠짐없이 학생들을 데리고 농촌에 가서 낮에는 농사일을 덜어주고, 화장실이나 하수도 등을 깨끗이 청소해줌으로써 위생관념을 깨우쳐주었다. 밤이면 농민들에게 글을 가르치셨다.

새까만 얼굴로 가을 학기에 돌아오신 선생님은 언제나 똑같은 높이의 목소리로 강의하셨기 때문에 우리들에게는 자장가로 들렸다. 시계처럼 정확하신 선생님의 규칙적인 생활을 매력이 없다고 수군대곤 했었다.

은퇴하신 지 20여 년 만에 87세의 선생님이 수락산에서 인사동으로 약속시간에 맞추어 오셨다. 꼿꼿한 성품처럼 자세 또한 조금도 구부러짐 없이 곧으셨다. 선생님의 날렵한 움직임과 맑은 모습이 경이로워 멍하니 바라보는데, 작가인 선배가 "선생님이 살아오신 이야기를 생애의 가장 귀중한 선물로 전수받았으면 합니다." 하는 말에 마음을 가다듬었다. 엄격하시던 선생님의 얼굴에 가느다란 웃음이 번졌다. 그 웃음에 우리는 긴장이 풀렸고, 선생님만의 독특한 삶을 들으려고 마음을 추슬렀다. 개성에서 기독교를 일찍 받아들인 가정에서 태어난 선생님은 유치원과 초등학교를 거쳐 중·고등학교를 다닐 때까지 경제적으로 별 어려움 없이 지내셨다. 하지만 20세가 되던 1940년부터 일본의 압박이 더욱 심해지면서, 아버지의 권유로 사촌누님이 있는 만주로 피난을 가셨다. 길림성 교하에서 농장을 경영하는 사촌누님 댁에서 농사를 도우며, 일요일에는 한인교회에서 농민들에게 한글을 가르치셨다.

당시 농촌계몽과 문맹퇴치를 목적으로 하는 브나로드 운동이 러시아에서 성행하고 있었는데, 선생님도 브나로드 운동교육을 받은 것이 빌미가 되어 일본 경찰에 검거의 대상이 되었다. 그것을 알아차린 한인학교 교장은 "빨리 한국으로 돌아가라. 이곳에 있으면 죽는다."며 피신을 권했다. 온갖 고생을 겪으며 개성으로 왔지만 가족들은 이미 서울로 떠나고 없었다. 친척들에게 묻고 물어서 만난 가족들은 을지로 6가에 집을 빌려서 살고 있었다. 가족을 만난 기쁨도 잠시, 일주일에 한 번 배급받는 식량으로는 3일을 넘기지 못했다. 맏아들인 선생님께서 장충단 고개를 넘어가서 어렵게 구한 쌀을 가지고 오려면, 일본 경찰의 근무가 끝난 밤 10시가 넘어서 출발해야 했는데 집에 도착하면 밤 12시였다.

그 형편을 알았던 국문학자인 조윤제 선생님께서 정릉에 조그만 땅이 있으니 무엇이든 심어먹다가 후일 돌려달라고 했다는 말씀을 하시다가 갑자기 침묵이 흘렀다. 이상한 느낌에 선생님을 바라보니 안경을 벗고 눈물을 닦고 계셨다. 노교수의 눈물로 방안에는 정적이 흘렀고, 우리는 어찌해야 할지 몰라 그냥 고개를 숙이고 있었다.

한 모금의 물을 마시고는 이야기를 다시 시작하셨다. 일요일이면 오후 1시에 YMCA에서 유영모 선생의 강의를 들으며 함석헌, 김흥호, 김교신 선생과도 교유했다고 한다. 이 때 일석 이희승 선생은 감옥에서 매도 맞고 물고문도 당했으며, 옆방에 있던 한뫼 이윤재 선생은 항복하지 않는다고 무자비하게 때리는 매를 맞고 저 세상으로 떠나셨다.

김교신 선생은 당시 고등학교 교사였는데 정릉에서 중구 만리동에 있는 양정고등학교까지 자전거로 출퇴근하며, 일요일이면 산에 가서 열심히 기도를 했다고 하셨다. 학생들 각자에게 적합한 기도를 해주었던 참스승의 뜻은 손기정, 유달영과 같은 훌륭한 인물이 배출되었다는 말씀에서 우리는 선생님의 피로를 덜어드리기 위해 배고프다는 핑계로 이야기를 멈추게 했다.

식사를 하면서도 선생님은 일본사람에게 받았던 고통을 띄엄띄엄 이야기하셨다. 식사중이라 들릴 듯 말듯 말씀은 낮고 잔잔했다. 내가 앉은 자리는 선생님과 떨어진 곳인 데다가 조금 전에 보았던 선생님의 눈물이 꼬리를 물고 떠나지 않아서 다음 말은 잘 들리지 않았다.

해방 이후 선생님께서는 대학에서 학문을 연구하면서 동시에 만주지역에서 시작했던 농촌봉사활동을 계속하셨다. 여름방학을 이용하여 농촌활동에 평생을 바치셨던 선생님, 그토록 자신의 목표에 투철하고 강인했던 선생님께서 눈물을 보이신 것은 뜻밖이었다.

일제로부터 고통과 배고픔을 덜어주려고 애쓰셨던 스승 조윤제 선생님에 대한 기억, 그리고 나라와 민족을 위해 농촌봉사라는 한 길로 매진하는 과정에서 겪은 복잡한 감정에서 우러난 눈물이 아니었을까. 그것은 개인의 슬픔이 아니라, 나라를 잃은 시기에 지식인이 가졌던 고난의 눈물이었고, 60년 동안 묻혔던 눈물이었다.

사실 우리는 책을 통하여 혹은 어른들의 이야기를 통해 일제 식민지시대의 수난을 알고 있었지만 그것은 지식에 불과했다. 오늘 노교수가 보여준 눈물은 나라를 잃은 아픔을 체험한 지식인의 절절한 고뇌에서 나온 것이었다. 그 눈물은 지금도 국가와 민족을 위해 그토록 헌신하는 지식인이 있을까 하는 의문을 일으켰다. 하지만 나는 아직도 답을 얻지 못하고 있다.

연산봉 사거리

장군봉을 향하여 숨차게 올랐다. 가파른 길에서 하늘도 보고 숨도 가라앉히려고 머리를 위로 들자, 장군봉이 바로 나를 내려다보고 있었다. 가쁘던 숨은 점점 사그라지고 옆을 보니, 조그만 돌들을 정성스럽게 올려놓은 돌탑이 반겼다. 차곡차곡 쌓인 돌들은 무슨 사연을 담고 있을까. 장군봉은 조그만 봉우리였다. 잠시 머물고는 앞선 친구들을 쫓아야하기에 천천히 계속 걸었다.

장군봉에서 송광사로 가는 길은 능선이라 편안했다. 길 양쪽에 있는 억새들이 우리들을 축복하는 듯 햇빛에 반짝거리며 은빛으로 하늘거렸다. 우리들 이외에는 아무도 없는 조계산은 정적이 감돌았다. 길은 점점 좁아지고 우리키보다 훨씬 큰 신우대가 파란 하늘만을 드러냈다. 양팔을 벌려보았다. 짧은 내 양팔이 신우대에 닿을 듯 말 듯했다.

연산봉 사거리에 왔다. 이곳에서 멀리 보이는 것은 희뿌연 운무 사이로 옹기종기 정겹게 앉아 있는 나지막한 산들이었다. 구름에 머리를 살짝 드러낸 산봉우리의 모습이 평화로웠다. 바로 이런 풍경에서 산수화가 나왔구나!

송광사로 안내하는 표지판은 직진방향으로 140분을 가리켰고, 오른쪽 방향은 송광사 60분이었다. 아침 8시에 출발한 우리들은 의논할 것도 없이 오른쪽 길로 접어 들어갔다. 앞 선 친구들을 쫓아야한다는 것에 집착한 나머지 140분 걸리는 길은 거들떠보지도 않고, '송광사 60분' 표지판 방향으로 들어섰다.

길은 경사가 심했고, 밧줄이 매여 있었다. 밧줄을 잡고 조심조심 발을 내디디며 아래로 내려가기 시작 했다. 그때 한 친구가 연산봉에서 직진으로 간 친구들이 기다릴 것 같은 데 그곳에 가보자고 제안했다. 하지만 아무도 대답하지 않고 밧줄만 꽉 잡고 내려가는 데만 골몰했다.

굵은 밧줄을 잡고 내려가는 길은 험한 계곡이었고, 때로는 모래흙으로 미끄러웠다. 바위와 바위를 골라 밟다가보면 길은 어느새 사라지고 보이지 않았다. 모두들 조심스럽게 발을 내딛느라고 말이 없었다. 간혹 위를 바라보면 하늘은 파랗고, 햇빛을 받은 나뭇잎들은 아름답게 물들어 고운 자태를 뽐내고 있었다. 연녹색, 노란색, 갈색, 빨간빛의 잎들이 어울려 향연을 벌이고 있었다.

하늘과 단풍에 잠시 홀렸다가 앞의 친구들을 찾았지만, 친구들은 보이지 않고, 어느 곳으로 가야할지 막막했다. 두려움이 일어났다. 친구들을 크게 소리쳐 불렀다. 시냇물 건너에서 나를 기다려주던 친구가 "이리 와!" 응답했다. 반가웠다. 이렇게 길을 잃었다 찾기를 반복하며 계곡을 내려가도 송광사 표지판은 나타나지 않았다. 예정시간 60분이 훨씬 지났는데도 커다란 바위와 물살은 위협하는 듯했고, 울창한 나무는 햇빛을 가리며 색색의 단풍들로 머리 위에서 유혹했다. 서둘지 말고 나를 보라고….

앞선 친구들이 송광사에 도착했다는 전화가 울렸다. 송광사 방향으로 20분 정도 내려 왔을 때, 연산봉에 있다고 전화를 했던 친구들이 송광사 대웅전에서 기다린다고 했다. 우리들은 놀랐다. 140분 걸리는 길을 날아 왔는가. 힘이 빠졌다. 돌길을 조심조심 부지런히 내려왔건만 우리보다 시간이 갑절이나 더 걸리는 거리를 어찌 그렇게 빨리 왔을까.

계속 걸어도 송광사를 알리는 표지판은 나타나지 않았고, 길이 조금 평탄해지면 가까워지는 것 같아 좋았다. 또 다시 울퉁불퉁한 바위가 나오면 실망과 더불어 우리를 기다리는 친구들에 대한 미안함으로 초조했다. 한동안 정신없이 걷는데 아스팔트가 나오고, 저 멀리 송광사의 단아한 잿빛 지붕이 우리를 반겼다. 기쁨으로 풍경을 보며 가볍게 걸었다. 송광사를 바로 앞에 두고, 다리를 지나가는데 옆에서 내려오는 또 다른 길이 있었다. 이 길로 왔구나!

대웅전에서 친구들을 보자 모두가 무사하게 끝났다는 사실에 감사가 절로 나왔다. 연산봉까지 갔던 친구들은 그곳을 지나가는 등산객에게 안내를 받았단다. 연산봉 사거리에서 직진으로 20분 정도 가면, 송광사로 바로 가는 길이 있단다. 그 길은 층계로 되어 있어서 뛰어내려 올 수 있었다고….

연산봉 사거리에서 앞 선 친구들과 연락을 취하지도 않고 60분 표지판을 무조건 따랐다는 후회가 일어났다. 송광사(60분)에 현혹되었던 것이었다. 우리들 가운데 어느 누구도 표지판 앞에서 의논하려고 머뭇거리지 않고 무조건 빠른 길로 들어 선 것이 화근이었다. 험한 길은 전혀 예상하지 않았다. 언제나 눈에 보이는 것만을 따르며 자신의 위치를 그때그때 점검하지 않았다는 결과에 마음이 씁쓸했다. 두 시간 넘도록 서로 말하지도 못하고 한 걸음 옮길 때마다 바위와 물을 구별하는 데만 온통 정신을 쏟았다. 그 길을 선택한 것은 지금까지 살아오면서 자신도 모르게 속도에 길들인 채로 살아왔기 때문이었다.

우리의 삶도 오늘의 산행처럼 빠른 것을 좋은 것으로 착각하고 달려왔다는 생각이 들었다. 한참 후에 뒤를 돌아보니 목표에는 이르렀지만, 그 과정에 대한 기억이 떠오르지 않았다. 빠른 속도에 그리움과 아쉬움이 스며들 여지가 없었다. 그리움과 아쉬움이 살아가는 향기인 것을…. 천천히 느끼며 살았어야 삶의 흔적을 더듬을 수 있었을 텐데.

이제는

언제인가부터 '이제는'이라는 말이 떠오르면 가슴이 설레곤 했습니다. 겨울을 견디어 온 나무의 가지 끝이 따뜻한 햇빛으로 통통하게 부풀면 '이제는' 봄이 오리라는 희망에 들떴습니다. 드디어 목련과 개나리와 진달래가 함께 피어나는 날이면 삶의 고단함도 잠시 잊은 채 절로 즐거웠습니다.

길을 걷다가 무심히 '이제는' 하고 사유하면 나도 모르게 정신이 맑아지고, 생기가 온몸에 퍼집니다. 내가 걸어 왔던 길이 영상처럼 스쳐 지나고, 앞으로는 무엇을 할 수 있을까 달뜨는 마음이 됩니다.

'이제는'이라는 부사는 현재의 시간에서 미래로 가는 출발점입니다. 지금의 시간과는 다르게 살고 싶은 마음이 머리를 듭니다. 오랫동안 만나지 못한 친구를 찾아 나서고 싶습니다. 맑게 흐르는 시냇물에 발을 담그고 하염없이 앉아 있고 싶습니다. 길가에 있는 의자에 앉아 지나가는 사람들을 그냥 멍하니 바라보고 싶습니다. 목적지로만 빠르게 달렸던 걸음을 늦추며 길가의 풍경도 음미하고 싶습니다.

길가에 먼지를 뒤집어쓰며 우리에게 맑은 공기를 선물해주는 가로수가 새삼 고맙습니다. 한 시인의 운명을 바꾸기도 했다는 노란 민들레꽃이 보도블록 사이의 좁은 틈을 비집고 환하게 웃고 있습니다.

시들은 나뭇잎에 물을 주면 생생하게 살아나듯이, '이제는' 하고 푸른 하늘을 바라보면 마음이 밝아집니다. 흰 구름은 푸른 하늘에서 춤추듯 움직이고, 나뭇가지를 흔드는 바람이 내 마음에 잔잔한 물결을 일으킵니다. 하지만 바람이 불어도 의연히 서 있는 나무처럼 나도 세상에 흔들리지 않을 것입니다. 이럴 때면 친구에게 고운 언어로 긴 편지를 쓰고 싶습니다. '이제는'을 가슴에 품고 있는 한, 나는 살아 있는 것입니다.

아! 드디어 그 할머니가

일상용품이나 식품을 사러 동네 슈퍼마켓에 자주 간다. 그곳으로 가는 길은 아름다운 공원으로 꾸며져 있고 나무그늘에는 언제나 사람들이 앉아 있다. 나뭇잎들이 모두 떨어진 추운 날, 나이 많은 할머니들이 앙상한 나무 밑에 웅크리고 있을 때 그 앞을 지나가기가 왠지 미안하고 조심스럽다. 언젠가는 나도, 사람들이 보고 싶어 여기에 나오는 이 할머니들 같이 되겠지. 하지만 이보다 더 좋은 길은 없을까. 그럴 때면 헝가리 할머니가 떠오른다.

2009년 10월 20일자 조선일보 「만물상」에 첫 한・루마니아 사전이 나왔다는 소식과 편찬과정이 실렸다. 놀랍게도 그 사전을 만든 조르제타 미르초유라는 74세 루마니아 할머니가 몇 년 전 텔레비전에서 보았던 헝가리 할머니와 너무 닮아서 메모노트를 뒤져 보았다. 메모노트를 보고서야 루마니아 할머니를 헝가리 할머니로 잘못 기억하고 있었음을 알았다.

KBS의 '한 민족 리포트' 수요특집을 2004년 7월 17일에 재방송한 제목은 '나의 남편은 조정호입니다'였다. 주인공 루마니아 미르초유 할머니에 관한 이야기로 남편 조정호를 기다리는 내용이었다. 6·25전쟁 때 북한에서 고아 5백 명을 루마니아에 보냈는데 조정호는 그 아이들을 인솔한 교사였다. 그는 거기서 루마니아 여교사 미르초유를 만나고 사랑해서 양국의 허가를 받고 결혼했다. 이들이 북한으로 가서 딸을 낳고 살던 어느 날 남편은 가족사진을 찍자고 했다. 이 때 남편은 예감이 있었기에 가족사진을 찍자고 했던 것인지, 그 후 얼마 안 있어 미르초유는 2살짜리 딸과 루마니아로 왔는데 그 후 북한으로 돌아갈 수도 없었고 남편도 다시는 볼 수 없었다고 한다.

'너를 사랑한다. 잊지마, 미르초유.'라는 편지만 믿고 42년간 남편을 기다렸던 '미르초유'는 이제 70세로, 14년 동안 골방에서 루마니아어를 한글로 쓰고 있다는 내용이었다.

남편에 대한 그리움을 골방에서 애면글면하는 미르초유의 모습이 내 마음에 판화처럼 찍혔다. 단순히 루마니아어를 한글로 옮겨 쓰는 줄만 알았던 할머니가 첫 한국어·루마니아 사전을 편찬했다는 소식에 놀랍고 어안이 벙벙했다. 「만물상」은 미르초유라는 할머니가 12년 집필 끝에 첫 한국어·루마니아어사전을 완성했고, 그 원동력은 생이별한 남편에 대한 그리움에서 비롯되었다는 미국 자유아시아방송의 보도를 전했다. 1962년 딸을 데리고 잠깐 루마니아로 다니러 나왔다가 돌아가려 했으나 북한은 미르초유에게 다시 비자를 내주지 않았고, 지난 47년 내내 남편 생사와 소재도 일러주지 않았다.

미르초유 할머니는 남편을 기리며 하루 다섯 시간씩 사전을 만드느라 눈도 건강도 나빠졌지만 남편을 위하는 일이라 생각해 즐겁게 작업했다고 한다. 그런 그에게 지난 6월 루마니아 북한 대사관이 2004년 남편이 사망했다는 확인서를 보내왔다. 그래도 미르초유 할머니는 사전을 마무리했고 한국 학자들의 감수를 거쳐 출간할 계획이며, 한・루사전이 마지막 망부가(望夫歌)가 된 셈이라고 말했다.

날마다 해야 할 일에 쫓기며 정신없이 살아오던 어느 날, 내가 노년에 이르렀음이 두려웠다. 늙음이 어두운 그림자를 드리울 때면 남편에 대한 그리움을 글자와 싸우던 미르초유 할머니를 떠올리며 자신을 돌아보게 된다. 사전을 만드는 것은 무척 따분한 일인데도 불구하고 오직 남편을 위한 일에 몰두하느라고 늙음조차도 생각하지 않았을 것이다. 그 일로 인해서 육체는 약해졌지만 정신은 오히려 더욱 단순하고 맑아지면서 새로운 자신의 길로 나아간 것이 아닐까.

한 가지 일에 정진한 고귀한 삶, 그 삶의 끈을 놓지 않았던 미르초유 할머니는 청춘보다 더 열정적으로 살았다. 젊은이들도 혼자서는 하기 어려운 일이었다. 국립국어연구원에서 전문가 50여 명이 기존의 우리말 사전을 근거로 보다 더 종합적이고 정확한 사전을 만드는 데 8년이라는 시간이 소요되었다고 했다. 그만큼 많은 전문적 지식과 시간을 필요로 하는 사전 편찬에 미르초유 할머니는 어떻게 홀로 도전할 수 있었는지. 아무리 생각해도 불가사의한 일이다.

한국과 루마니아 사람들의 의사소통에 다리를 놓아줄 수 있는, 역사적인 사전을 편찬한 할머니에게 노년은 없었다. 단지 그 훌륭한 사전이 생이별의 아픔을 통해 만들어진 망부가(望夫歌)라는 사실이 슬플 뿐이다.

금강산의 장안사 터

많은 사람들에 떠밀려 묘길상까지 올라갔다. 외금강 만물상 입구에서 고불고불한 외길을 좇아 버스로 2시간 들어간 곳이 내금강이었다. 내금강에 들어서자 모든 관광객을 안내판 앞으로 모이게 한 후, 가이드는 안내판 지도에서 표훈사와 묘길상을 가리키며 그곳까지 갔다가 오라고 했다. 젊은 사람들은 경쟁이라도 하듯이 뛰다시피 걸었고, 남은 사람들도 덩달아 걸음을 재촉했다. 계곡 옆을 따라가는 울퉁불퉁한 돌길은 경사가 심해서 숨이 찼다.

그토록 그리웠던 금강산에 왔건만, 얼떨결에 사람들의 대열에 끼어 쫓기듯 묘길상까지 올랐다가 내려오는 마음은 무덤덤하고 몸은 쉴 곳을 원했다. 벽하담 주변에서 점심식사를 하고나니 근방에 버스가 보였다. 대부분 사람들은 삼불암을 보겠다며 다리를 건너가는데, 나는 버스에 올랐다. 버스에 앉으니 운전기사는 자리에 없었고 떠날 기미가 보이지 않았다. 옆 사람에게 물으니 오후 3시에 출발한다고 해서 주위를 보려고 밖으로 나왔다.

오른쪽 언덕에 하얀 꽃이 보였다. 메밀꽃이구나! 반가워 올라갔더니, 키가 큰 토끼풀이었다. 남한에서는 볼 수 없는 큰 토끼풀이 신기하여 그 사이를 걸었다. 그 꽃들을 지나치는데 넓적하고 잘생긴 주춧돌이 드문드문 박혀 있었다.

순간 앉고 싶었다. 반질반질하게 다듬은 화강암은 굵고 높은 기둥의 주춧돌이라는 생각이 들었다. 주춧돌의 지름은 거의 1미터 이상 될 정도로 표면이 넓었다. 몇 개의 주춧돌을 밟다가 '장안사 터'라고 쓴 표지판을 만났다.

아침에 출발할 때 북한 문화원 해설자는 금강산에는 4대 명찰(名刹)이 있는데 내금강에는 장안사와 표훈사, 외금강에는 신계사와 유점사가 있다는 말을 하면서, 서기 551년 고구려 시대 건립한 장안사는 6·25 전쟁 때 폭격을 당했고, 지금은 표훈사 하나만 남아서 금강산의 영화와 적막을 홀로 지킨다고 했다. 바로 앞에 있는 주춧돌이 무심히 들었던 사찰 '장안사 터'임을 일깨웠다. 말로 듣던 사찰이 주춧돌로 확인되는 순간 그 실물에 대한 모습이 궁금증으로 변하기 시작했다. 주춧돌이 크다는 것으로 규모가 클 것이라고 짐작할 뿐이었다.

주위를 둘러보았다. 몇 백 년을 넘은 것 같은 큰 전나무와 잣

나무가 빽빽하게 들어 서 있고, 그 위로는 칼날처럼 뾰족한 산봉우리 장경봉, 석가봉, 지장봉이 하늘에 닿은 채 이곳을 내려다보는 것 같았다. '장안사 터' 길 건너에는 계곡이 있어서 돌 사이를 흐르는 물이 맑은 소리를 내고 있었다. 지난 천 오백여 년 동안 금강산에서 '가장 영원한 안식처인 절'로 뽑혔던 장안사이건만 이렇게 버려져서 주춧돌만 남아 황폐한 모습이라니…. 이 사찰에서 향을 피우던 스님과 보살들은 어찌되었을까. 영원한 안식처로 생각하며 기거했던 사람들은 터만 남은 이곳을 기억하며 찾고 싶어 할까.

정비석의 금강산 기행문 『산정무한』에서 읽었던 장안사(長安寺), "장안사 맞은편 산에 울울창창(鬱鬱蒼蒼) 우거진 것은 다 잣나무뿐인데, 모두 이등변삼각형(二登邊三角形)으로 가지를 늘어뜨리고 섰는 품이, 한 그루의 나무가 흡사히 괴어 놓은 차례탑(茶禮塔)같다."라고 주위의 경치만 묘사했을 뿐 장안사 건축물에 대하여는 한마디도 없었다.

날카로운 봉우리와 봉우리 사이에 떠 있는 운해(雲海), 그 밑에 있는 푸른 나무들을 보며, 이렇게 아름다운 곳을 마주하고 있던 장안사의 모습을 상상할 수 없다는 것이 못내 서운했다. 주춧돌과 우거진 잡풀은 쓸쓸함을 줄 뿐 어떤 해답도 없었다. 안내자도 없는 장안사, 흰 꽃에 이끌려 오르지 않았다면, 폭파되었다는 전설에 묻혀 버리고 이름도 잊혀버릴 것이었다. 주춧돌의 크기로 장안사의 규모를 짐작할 뿐, 수풀만 우거진 곳이었다.

부도 50m라고 표시한 방향에 커다란 부도가 몇몇 보였다. 그곳까지 가기에는 시간이 허락하지 않아 돌아서는 순간 '장안사 터'라는 표지판이 나타났다.

> **장안사 터**(보존 96호)
>
> 고구려 시기 551년에 세워진 장안사는 서로 다른 시기에 지은 대웅보전 구역과 사성지전 구역의 넓은 면적에 70여 동의 크고 작은 건물이 꽉 들어찬 사찰이었다. 오랜 역사에 많은 유물들이 있었으나 조국해방 전쟁 시기 미제의 야수적인 폭격으로 불타버리고 터만 남았다….

더 이상 읽을 수가 없었다. '미제의 야수적인 폭파'라는 말에 잊혔던 이데올로기가 되살아나며, 인간에게 영생을 주는 사찰이 이런 기록으로 존재를 알려야 하는가. 아마 사방으로 둘러싸인 아름다운 봉우리와 곧게 뻗은 나무들로 어우러진 장안사는 귀중한 문화재이기도 해서 빨갱이들은 폭격의 대상에서 제외될 것으로 믿고 은신처로 삼은 것 같았다. 결국 이곳이 빨갱이들의 총본산이었음을 알게 된 미군은 폭격을 강행했고, 전쟁을 피해 숨었던 사람들로 인해서 장안사는 파괴되었다.

그 후로 오랜 세월이 흘러 복구할 수 있으련만 왜 아직까지 터로 남겨두는 것일까. 조금 전에 갔던 표훈사에도 사람이 기거

하는 흔적이 없었다. 건물만 덩그렇게 있었고, 단청 빛은 낡아서 어두운 빛이었다.

금강산의 그림이나 글을 통하여 옛 선비들이 누렸던 즐거움을 나도 맛보고 싶었던 것은 헛된 욕심이었다. 70여 동에 달했던 큰 절 '장안사'가 터로 남은 것도 아쉬운데, 이데올로기를 선동하는 글귀는 영생을 기원하는 사찰에 또 하나의 폭탄이었다. 차라리 단순히 '장안사 터'라는 기록만 있었다면 얼마나 심금을 울리겠는가.

장안사의 안내문에 내 마음이 변했는지 아니면 금강산도 변한 것인지, 옛 선비들의 글과 그림에서 그리워했던 금강산이 아니었다. 자연도 영원하지 않은가 보다. 자연도 선한 사람을 품는 것일까. 그 진면목을 보기 위해 나는 또다시 와야 한다는 숙제를 안게 되었다. 언제쯤 장안사의 새벽 종소리를 들을 수 있을까.

국문대교(國門大橋) 한가운데서

국문대교 한가운데 서 있다. 두만강을 건너는 다리이며, 그 위에는 중국과 북한을 경계 짓는 국경선이 있다. 중국 군인 두 사람이 남편과 나를 양옆에서 감시하며, 절대로 경계선에서 한 발자국도 넘어가지 말라고 당부했다. 그 순간 마음에서는 경계선을 밟고 싶은 욕망이 꿈틀거리고, 주위는 바늘이 떨어지는 소리가 들릴 듯한 정적이 감돌았다.

생각했던 것보다 다리는 좁고 짧았다. 긴장된 탓인지 몇 걸음 조심조심 걷다가 보니 낡아서 벗겨진 흰 페인트 글씨가 드러났다. 가로로 금을 긋고 '邊界線'이라고 쓰여 있었다. 잠시 동안 멍하니 서 있었다. 지도상으로만 보았던 우리나라인 북한이 바로 이 선 밖이구나. 변계선에서 보이는 다리 끝은 창고 같은 시멘트 건물과 푸른 숲이 있었다.

우리를 감시하는 중국인을 벗어나 전망대로 올라갔다. 망원경으로라도 마음에 그리던 북한 사람과 풍경을 자유롭게 보고 싶었다. 아낙네 몇 사람이 나물을 캐는지 푸른 밭에 앉았다 일어났다 하면서 이리 저리 옮겨 다니는 모습이 보였다. 나무들은 높지 않고, 낮게 보이는 산은 머리를 금방 깎은 듯이 잘 다듬어져 있었다. 자세히 보니 산을 깎아서 농작물을 심은 것 같았다.

다리 위에는 넘을 수 없는 '변계선'이 그어져 있고, 그 아래는 헤엄을 쳐서 건너야 하는 두만강이 흐른다. 북한 사람에게는 생명선이 아닐까. 굶주림을 면하기 위해서 한 밤에 이 강을 헤엄쳐서 넘다가 죽은 사람들과 성공한 사람들 모두에게 삶과 죽음을 가르는 강이었다. 강물은 경계가 없는데…. 함경도나 평안도에 고향을 둔 조선족들이 두만강을 바라보는 심경은 어떨까. 어쩌면 중국인으로 연변에 사는 것이 낫다고 생각할는지 모른다. 굶주림을 면하기 위해 사선을 넘는 북한 사람들을 보며, 자신들은 모(모택동)주석 덕분에 잘 산다고 말한 사람도 있지 않던가.

전망대에서 내려와 택시를 타고 용정으로 향했다. 용정으로 가는 길은 한동안 두만강과 병행하는 길이라 강 건너 북한의 숲과 나무도 계속 쫓아오고 있다. 낮은 산을 깎아 만든 밭을 보며 택시 기사에게 "저 산에 심은 것은 무엇일까요?" 하고 물었다. 그 말에 기사는 그곳에 사는 북한 사람에게 "산에 심으면 열매를 거둘 수 있습니까?" 물은 적이 있는데 그 사람은 "옥수수 1

개를 심으면 9개는 납니다." 하고 대답했단다.

얼마나 먹을 것이 없으면, 산을 깎아 식량이 될 수 있는 것을 심을까. 산에 나무를 그대로 두는 것이 자연이거늘, 양식을 마련해야하는 절박함이 나무를 베지 않을 수 없었던 것 같다.

갠지스 강가에 서 있으면, 삶이 죽음이고 죽음이 삶이라서 경계가 느껴지지 않는다는데, 두만강은 강 건너 푸른 숲이 두렵게 느껴진다. 나만이 가진 이데올로기에서 오는 관념일까. 조금 전에 섰던 '변계선'이 내 뇌리를 떠나지 않고 따라오고 있다.

갑자기 울리는 핸드폰 소리에 택시 기사가 "용정 가는 길이요." 하고 대답한다. 그 순간 강 건너 사람이 그리워진다. 이 강을 거슬러 건너가서 망원경으로 보았던 여인들과 함께 나물을 캐며 이야기하고 싶다.

두만강이 점점 멀어지면서 자취를 감추고, 중국의 우거진 숲들과 묘지가 지나간다. 평평한 들판에 제멋대로 자란 풀들이 비옥한 땅임을 알려 주었다.

국문대교에서 용정으로 가는 길과 두만강이 나란히 간다는 것은 전혀 예상하지 못한 일이었다. 시인 윤동주가 다니던 대성중학교와 윤동주 전시관을 보러 가던 길이었다. 강 건너 나무가 눈에 잡힐 듯 가깝게 느껴지고 실제로 강의 폭도 좁았지만, 마음대로 넘을 수 없는 큰 강이었다. 굶주림을 면하기 위해 넘어야 하는 사선이었다.

이 강을 넘어 남한으로 온 사람이 "우리는 붙잡혀 죽을 각오로 강(두만강이나 압록강)을 건넜는데 남한 사람들은 그냥 그런가보다 여겨요. 거기서 어머니가 강물에 휩쓸려 돌아가시고 동생이 얼어 죽었는데…" 하고 말했던 강이 아니던가.

국문대교는 원래 양쪽을 잇는 역할보다 죽어도 두만강을 넘지 말라는 '변계선'의 역할을 강조하는 다리였다. 단순한 국경선이 아니라, 굶주림을 면하기 위해 탈출해야하는 경계선이기도 했다.

어렸을 때 어른들이 "두만강 푸른 물에 노 젓는 뱃사공…" 하고 부르던 두만강의 노래가 슬프게 들렸고, 눈가에 물기를 보였던 기억이 떠올랐다. 그때나 지금이나 두만강은 희망을 주는 강이 아니었다. 하지만 지금은 슬픔의 두만강이 국문대교의 변계선으로 공포의 강으로 느껴진다.

그 섬의 염소

천혜의 아름다운 섬 홍도를 돌아본 후, '흑산도 해상관광 유람선'에 올랐다. 홍도에서 보았던 기이한 자연의 아름다움에 취한 탓인지, 유람선에서 바라보는 흑산도는 신기함을 드러내는 선경이 눈에 들어오지 않았다. 선장은 11개의 유인도와 89개의 무인도 등 100개의 섬을 가진 흑산도라며 변사처럼 신나게 떠들었지만, 어느 누구도 애써 들으려고 하는 것 같지 않았다. 오히려 바다 위에 초록색으로 수놓은 듯이 떠 있는 섬들에 취해 있었다. 섬들 사이로 지나가면서 보이는 것은 햇빛에 부딪혀 반짝이는 비늘 같은 물결과 점점이 무늬를 만드는 푸른 숲이었다.

망망한 바다에 띄엄띄엄 떨어져 있는 섬들은 그림 같은데, 오래전에 최익현, 정약전 등 50여 명이 귀양 왔던 곳이라는 말에 흑산도는 역사를 안고 있는 섬이구나 하는 생각이 들었다. 병자

수호조약을 반대하다가 귀양 왔던 최익현은 한학자였고, 정약전은 여기에서 15년 동안 귀양살이하면서 270여 종의 물고기를 채집해서 「자산어보(玆山魚譜)」를 저술했다고 말하다가 갑자기 목소리를 낮추어 장보고(張保皐)가 머물렀던 곳이라며 뱃머리를 돌렸다. 해풍이 일어날 때면, 장보고가 여기에 배를 정박해 놓고 제사를 드렸던 무인도라며 우리를 잠시 내려 주었다.

무인도에 발을 딛는 순간, 칠성동굴이 있는 탓인지 이상야릇함에 이끌려 나도 모르게 빛과 어둠이 교차하는 곳으로 들어갔다. 동굴인데도 바다와 하늘로 향하여 뚫린 구멍으로 햇빛이 들어와 길을 밝혀 주었다. 그 안에는 몇 개의 동굴이 서로 바다로 통하고 있었다. 이곳에서 장보고가 바람을 가라앉히기 위해 촛불을 켜고 용왕제를 올렸다고 한다. 칠성동굴은 어떤 폭풍우에도 무사할 정도로 안전하고 비를 막아주는 편안한 곳이었다.

뜻있는 사람들이 귀양살이를 했고, 장보고가 청해진과 무역할 때 흑산도가 다리역할을 했다는 이야기에 나는 흑산도의 모습을 조금도 놓치지 말아야겠다고 긴장하기 시작했다. 금강산의 만물상을 연상시키는 만물상바위를 지나 초록빛의 섬을 올려다보는 순간, 하얀빛의 염소가 보였다. 양일까 염소일까 구별하려고 자세히 보니 흰 염소가 움직였다. 지나가는 배에서 보이는 염소는 절벽에서 우리를 내려다보는 듯했다. 선장에게 물으니, 염소이며 염소가 있는 곳은 신섬이라고 했다. 몇 년 전 흑산도 주민이 그 섬을 지나다가 염소 두 마리를 놓아 준 것이 지금은 번식해서 일 백여 마리가 넘을 것이라고 한다. 염소는 절벽을 타고 올라갔지만 사람은 오를 수 없는 섬이었다. 헬리콥터나 경비행기로 먹이를 떨어뜨려 주느냐고 물었다. 아니라며 그곳에 있는 풀을 먹으며 저희들끼리 살고 있다고 한다.

염소는 공해가 없고 자신을 위협하는 동물이 없는 곳에서 평화스럽게 살고 있는 것처럼 보였다. 사철 푸른 나무가 살 수 있는 따뜻한 섬이기에 추위에도 큰 어려움이 없을 것 같았다. 염소는 사방 바다로 둘러싸여 있는 섬에서 풀만을 먹고 산다. 순간적으로 염소가 부러웠다. 치열한 생존경쟁과 시멘트벽에 갇혀 사는 서울의 삭막한 생활에 지친 탓이었을까.

푸른 바다를 내려다보던 염소가 오랫동안 머리에서 떠나지 않는다. 사실 어떻게 보면 염소는 연민을 일으킬 정도로 고독해 보이기도 했다. 염소도 푸른 숲에서 탈출하고 싶을 때가 있었을 것이다. 하지만 낭떠러지 아래로 아득한 바다를 보며 그냥 한숨으로 자신을 달랬을 것이다. 그런데도 내게는 그 염소가 신선처럼 생각되고 부러움의 대상이 되는 것은 어인 일일까.

하지만 며칠 후 국립관리공단에서 일하는 어떤 사람으로부터 신비롭고 부러움의 대상이었던 염소를 없애야 한다는 말을 듣고 실망했다. 그 염소들로 인해서 그 섬에서 자생하던 풍란이며 모든 약초가 뿌리까지 멸종되고 있다고 한다. 그곳에 염소를 놓아

준 주민에게 염소를 잡아내라고 해도 사람의 힘으로는 갈 수 없어서 그대로 있단다. 염소들은 점점 불어나는 반면에 식물은 고갈된다고 한다.

결국 삶은 필요에 따라 살아갈 뿐이거늘, 염소는 장차 어떻게 살아갈까. 조금 전까지 동경했던 염소가 귀한 식물을 먹어버리는 존재이기 때문에 없어져야 한다는 사실에 착잡해진다. 염소가 늘어갈수록 먹을 양식이 부족해질 것이고, 염소들이 저절로 죽어 없어지기를 바라는 관리공단의 희망에 염소들의 삶이 어찌 될지 걱정스럽다.

이렇듯 푸른 숲에서 우리를 응시하던 염소를 생각하니 염소의 운명이 신산(辛酸)했다. 눈에 보이는 것은 하늘과 바다 그리고 나무들과 풀이다. 그 가운데 염소가 갈 수 있는 곳은 마지막 종착지인 '바다'밖에 없다. 유람선을 내려다보던 염소는 오히려 우리를 선망한 것이 아닐까. 그러고 보니 신섬의 염소는 믿을 수 없고 살아가기에 불가능한 곳을 꿈꾸지 말고 단순하게 살라고 말하는 것 같다. 미래의 꿈에 집착하지 말고 지금 내가 있는 이곳에서 행복하게 살라고…. 만족은 어느 곳에도 없으며, 어떤 특정장소에서 느낄 수 있는 것이 아니라 마음에서 온다고….

어디로든 떠나고 싶어도 신섬의 염소에게는 출구가 없다. 아무리 좋은 환경이라도 열림이 없는 곳은, 겉으로는 천국으로 보여도 그 안에 있는 염소에게는 지옥이 아닐까.

나는 변경인

녹도(鹿道)로 가는 길목인 목단강시에 들어섰다. 곧바로 녹도로 떠나려했지만 이미 기차나 버스가 모두 끊어져서 하룻밤을 묵기로 했다. 먼저 호텔에 짐을 맡기고 목단강으로 갔다. 강은 작았다. 폭도 좁고 물이 적어서 시냇물을 연상할 정도였지만, 유원지임을 드러내는 놀이기구와 즐비한 상가들이 강이라는 믿음을 주었다.

평일이라 그런지 목단강 주변은 한적하고, 사람들의 표정은 어둡고 쓸쓸했다. 검은 옷을 입은 사람들이 군데군데 모여서 일할 곳을 기다리는 것 같았고, 6·25전쟁 직후 서울역 앞에서 짐 싣기를 고대하며 수레와 지게에 기대어 있던 사람들을 연상시켰다.

길거리에 있는 건물들을 유심히 보면서 걸었다. 지도에 나타난

거리와 큰 건물을 대조하며 걷다가 조선족출판사라는 간판에 반가웠다. 그냥 스칠까 하다가 입구에 있는 경비원에게 "출판사를 구경할 수 있습니까" 하고 물었다. 조선 사람이라는 것이 기뻤던지 전화로 연결해서 4층에 있는 K씨방으로 안내를 해주었다.

K씨는 처음 보는 우리를 웃음으로 맞아 주었다. 방이 크고 넓은 것으로 보아 직위가 높을 것으로 짐작했다. 중국의 차를 권하는 그에게 먼저 우리의 신분을 밝혔다. 중국에 왕래할 수 있는 길이 열려서, 남편이 8·15해방 직전에 살았던 녹도(鹿道)에 가는 길이며, 그곳에서 시아버님이 철도 역무원으로 근무하셨는데 어느 날 갑자기 한국으로 가는 기차를 타라는 시아버님의 말씀을 따라 탈출했던 때가 남편의 나이 8살이었다고….

K씨도 자신이 살아온 역사를 담담하게 말하기 시작했다. 목단강시에서 출생한 그는 담배공장에서 노동자 신분으로 일하다가 연변대학에서 사전을 만드는 일에 뽑히게 되었다. 모택동이 사망하면서 대학시험제도가 생겼고, 그때 연변대학교 어문학부에 입학하고 공장에서 받았던 월급으로 공부를 했다. 26세에 입학하여 30세에 졸업하던 1982년은 목단강시가 살기 좋았던 곳이다. 특히 그 당시 출판사는 신문사나 대학교수보다 선망의 대상이 되는 직업이었다. 우수한 성적으로 졸업한 결과로 그는 누구나 부러워하는 흑룡강성 조선민족출판사에 발령을 받았다.

그렇지만 문화혁명으로 사회질서가 바뀜에 따라 자신의 위치도 낮아졌다. 어떤 노력도 할 수 없는 사회주의 체제 속에서 자신은 중국인이며 조선족이라는 신분으로 '변경인'일 뿐이라고 했다. '변경인'이라고 말하는 그의 얼굴은 어두웠고, 우리를 부러워하는 듯했다.

이어서 그는 남한의 발전이 조선족에게 급격하게 불어 닥쳐서 조선족가정을 파괴하고 있다고 했다. 남한에 가서 4년 내지 5년 동안 벌면 한평생 살 수 있는 돈을 마련할 수 있다는 꿈에 어느 가정이건 딸이나 며느리 가운데 한 사람도 떠나지 않은 가정이 없다. 하지만 돈을 벌어 오는 것으로 끝나지 않고, 4년이나 5년 헤어져 있는 동안 가정은 이혼으로 해체된다. 이렇듯 남한의 발전이 우리 '변경인'에게는 더욱 갈등을 유발시킬 뿐이라고….

'변경인'이란 말이 내 마음에 들어와 박히는 순간, K씨의 모습을 유심히 살폈다. 분명히 똑같은 생김새와 똑같은 언어로 이야기하는 K씨는 우리 민족이었다. 그런 그가 중국인의 조선족이라는 말이 낯설게 느껴졌다. 여기 저기 놓여 있는 책들의 표제도 우리말로 되어 있어서 여기가 중국이라는 것을 잠시 잊게 할 정도였다.

출판사를 나서니 우중충한 거리에 자전거를 타고 지나가는 검은빛의 얼굴 모습이 중국이라는 느낌을 주었다. 지리적으로 소외된 지역이라 중국 사람들도 살기 어려운 곳에서, 조선족이 피와 땀으로써 민족의 전통을 지키며 끈질긴 생명력으로 살아온 결과, 오늘날 소수민족으로 자치주의를 건설했다는 것은 대단한 일이라는 생각이 들었다. 그럼에도 불구하고 조국으로부터는 잊혀졌고, 오늘날은 발전한 조국이 그들을 벼랑으로 내몰고 있다.

단순히 60여 년 전 살았던 곳을 찾아 나섰던 우리들은 K씨의 말에 생각지 못했던 우리 동포의 어려운 삶을 알게 되었고, 동시에 남한의 발전이 연변에 사는 조선족사회를 붕괴시키고 있다는 현실에 가슴이 아팠다.

"나는 변경인"이라고 한탄하는 지식인 K씨의 고뇌는 조선족들이 조국의 유혹에 대책 없이 끌려가는 현실을 막을 수도 해결할 수도 없음을 고발하는 것 같았다. 그 말의 의미를 되새길수록 소망하는 삶을 위해 마음대로 움직일 수 없는 그들의 처지와 함께 어디에 태어나느냐가 개인의 운명을 결정짓는다는 엄청난 사실에 나는 미약한 존재일 뿐이었다. 고향을 떠난 사람들은 보금자리를 떠나 떠도는 새처럼 언제나 고달픈 삶에서 벗어나지 못하는가 보다.

만리장성에 서 있자니

'중국' 하면 떠오르는 만리장성에 올랐다. 올림픽경기에서도 '만리장성을 넘는 탁구'라고 할 정도로 만리장성은 13억의 인구를 가진 거대한 나라를 대변하는 상징물이다. 그 가운데서도 경관이 제일 좋다는 팔달영 장성에서 바라보니, 만리장성은 푸른 나무 사이로 띄엄띄엄 보였다. 케이블카를 타고 올라와서 땀도 흘리지 않고 숨도 차지 않은 탓인지, 만리장성은 기대했던 신기함도 위대함도 주지 못하는 시끌시끌한 장터였다. 광대하다는 것에 대한 감탄이 조금도 감동을 주지 못했다. 예상보다 더운 날씨와 붐벼대는 관광객 때문이었을까.

폭이 6m 정도 되는 계단 길을 오르며 가끔 뒤를 돌아보았는데, 푸른 숲 사이로 언뜻언뜻 보이는 장성은 길다는 것뿐이었다. 비가 잘 오지 않는 지역 때문이라 그런지 건조한 공기에 갈증이

났다. 비가 많이 오는 곳이라면 저 나무들이 울창하여 만리장성을 덮지 않았을까. 나무도 장성도 뜨거운 공기에 숨도 쉬지 않는 그림처럼 잠잠했다.

기원전 3세기경에 진시황이 북방 흉노족의 침입을 막기 위해서 쌓았다는 만리장성은 길이가 635만 미터에 이르는 긴 성벽과 2000여 년의 역사 때문에 세계 7대 건축물의 하나로 꼽힌 것 같다. 성벽은 6번 구운 벽돌로 쌓았고, 그 벽돌을 만든 사람의 이름을 기록하였다니, 부실공사를 막기 위한 오늘날의 실명제가 아닐까 하는 생각이 들었다. 하지만 지금 우리가 밟고 있는 이 성은 명나라 때 지어진 것으로 '끝이 보이지 않는 강물처럼 이어진 웅장한 장성'이라고 하는데, 왠지 이 성을 쌓다가 죽어간 수많은 노동자들이 지하에서 울고 있는 것 같다. 그 당시 억울하게 끌려간 노동자들의 슬픈 사연이 얼마나 많을까. 남편을 살리기 위해 소금을 팔러 온 소금장수를 꾀어서 남편 대신 보낸 여인도 있다고 했다. 그 여인의 유혹에 넘어가 평생 벽돌을 쌓았던 소금장수는 얼마나 많은 세월을 회한으로 보냈을까. 또한 강제로 끌려간 자식을 그리는 부모와 형제, 평생 이별의 슬픔을 안고 살았던 부부들의 애절함도 떠오른다.

팔달영 장성에서 안내원은 두 성채를 가리키며 한 곳은 15분, 반대편에 있는 성채는 25분간의 시간이 소요된다며, 자신이 원하는 곳에 갔다가 다시 모이기까지 45분을 주었다. 우선 나는 먼 곳을 향하여 오르기 시작했다. 방어를 위한 성벽이라는 사실을 잊을 정도로 계단 길은 관광코스로 적합했다. 목적지에 이르자 사진을 찍으라는 장사꾼의 외침, 시원한 음료수를 먹으라고 소리치는 사람, 만리장성을 판화로 새겨 파는 사람들로 붐비었다. 냉커피 한 잔으로 잠시 갈증을 가라앉히며 시계를 보니, 남은 시간으로 짧은 코스도 오를 수 있겠다 싶어 서둘러 내려왔다. 맞은편의 성채로 오르는 길은 예상 외로 사람들이 적어서 성 주위를 천천히 둘러보며 걸었다. 사방으로 보이는 경치가 더 아름다웠다. 두 곳을 다 보았다는 뿌듯한 마음으로 약속 장소에 돌아오니, 동행했던 사람들이 시원한 음료를 마시며 기다리고 있었다.

동행인들을 보는 순간, 우리나라의 남한산성과 수원화성이 떠올랐다. 규모가 일정한 벽돌로 쌓은 만리장성과 달리 남한산성과 수원화성은 밑 부분에는 큰 돌을 놓고, 위로 갈수록 작은 돌을 쌓았다. 기계문명이 발달하지 않았던 때에 어떻게 그렇게 큰 돌을 운반하였으며, 무엇으로 돌을 네모반듯하게 잘라서 오랜 세월 무너지지 않도록 쌓을 수 있었을까.

길이가 만 리가 넘는다는 만리장성에 서 있자니, 비록 규모는 작지만 아기자기한 모습의 수원화성이 더욱 귀한 모습으로 떠오른다. 화성(華城)은 조선조 22대 정조대왕이, 뒤주에서 참혹하게 죽은 아버지 사도세자의 혼을 위로하고, 아버지를 죽음으로 내

몰았던 당쟁에 경종을 울리기 위해 유해를 양주 배봉산에서 수원 화산(花山)으로 옮기고 축성한 것이다. 그곳에 안치한 후, 정조대왕은 부친 사도세자의 묘 현릉원(현재의 융릉)에 13차례 참배하는 동안 화성행궁에서 머물렀던 효자였으며 모친 혜경궁 홍씨의 진찬연도 열었다. 이렇게 이루어진 화성은 한국 전통건축의 완성품으로 축성의 계획, 제도, 법식뿐만 아니라 인력에 대한 인적사항, 재료의 출처 및 용도, 공사일지가 기록된 책 『화성성역의궤(華城城役儀軌)』가 있어 더 큰 건축사적 가치를 지니고 있다. 그 일지에는 성을 쌓는 품값과 돌값이 상세하게 기록되어 있다. 무엇보다도 정조가 개인 재산으로 성을 쌓은 것이어서 그 어떤 사람도 억울한 일을 당하지 않았다니, 화성이야말로 화해와 효성을 연상시키는 성이 아닌가.

오로지 나라의 국력에만 초점을 맞추어 많은 서민을 희생시킨 만리장성이 지금은 엄청난 관광수입을 올리고 있다. 척박한 산 위에 펼쳐진 만리장성은 세월이 흘러 다른 목적으로 이용되고 있음에도 불구하고, 단지 거대하다는 이유만으로 '세계문화유산'이 되었다는 사실이 씁쓸하다. 현재 그것이 우리들의 마음을 움직이는 것은 무엇이며, 어떤 의미를 주는가. 세월이 흘러도 오래 살아온 나무들은 위대하다. 강한 비와 폭풍을 이겨내며 홀로 버티어 온 나무들에 절로 생명의 귀중함을 깨닫게 된다. 그리고 그 나무들은 우리에게 생명력을 불어넣는다.

인간의 이익에 맞추어 쌓은 벽돌은 생명이 없는 무생물이다. 어떤 감흥도 주지 않는 만리장성은 문화적 측면에서 존재의 의미를 잃은 것 같다. 생명도 의미도 없는 만리장성은 하나의 큰 고성(古城)에 불과하다. 그렇지만 화성은 부모를 그리는 정이 배어 있고, "화성이라 명하라. 백성의 기쁨이 곧 나의 기쁨이라" 명할 만큼 백성을 사랑했던 정조대왕의 따뜻한 마음이 새겨진 성이다. 전통의 상실과 변화를 겪는 현대인에게도 효행과 사랑을 전파하는 화성이 만리장성을 내려다보고 있는 것 같다.

언제나 나는

지하철 7호선 어린이대공원역 앞 광진구 광장에 왔다. 양평에 있는 신생교회의 주관으로 목요일과 일요일마다 청량리역 광장에서 노숙자들을 예배와 점심식사로 섬겨 왔었다. 우리 교회는 4번째 목요일에 점심식사를 담당하고 있었다. 청량리에 역사를 새로 짓기 때문에, 지난 1월 마지막으로 점심식사를 제공했었다. 김 목사님은 다음 달부터는 광진구 광장에서 만나자는 발표와 함께 노숙자들에게 그곳으로 오는 약도를 나누어주었고, 우리들에게는 봉사가 끝나면 산책할 수 있는 어린이대공원이 바로 옆에 있다며 즐거운 표정으로 말씀하셨다.

교회버스를 타고 오면서 우리들은 청량리역보다 훨씬 가까우니 다음부터는 출발시간을 30분 늦추어도 되겠다며 기뻐했었다. 하지만 광진구 광장에 이르자, 공포가 감도는 시끄러운 분위기에 당황했다.

확성기에서 울려 나오는 커다란 소리가 노숙자들에게 인도하는 예배를 방해하고 있었다. 전도사님은 마이크도 없이 찬송가를 큰소리로 부르고, 찬양을 위해 색소폰을 비롯하여 악기를 연주하는 사람들은 구청직원에게 악보대를 빼앗긴 채, 한 여학생이 양손으로 붙들고 있는 악보에 의존하고 있었다. 목사가 서야 할 강단자리에는 빨간 모자를 쓴 공익요원 여섯 사람이 '구청의 허가 없이 어떤 단체도 광장을 사용할 수 없다.'고 쓴 현수막을 펼쳐들고 있었다.

찬송가 소리와 확성기의 소리가 뒤엉켜 난장판이었다. 목사님은 구청직원에 붙들린 채 핸드폰으로 누군가와 말하고 있었고, 노숙자들 몇몇 사람은 "왜 예배를 반대하느냐"며 구청직원들과 몸싸움을 하고 있었다. 또 다른 편에서는 광진구 주민들이 이곳에서 모임을 가질 수 없다고 소리쳤다. 우리들은 어찌할 수 없어 전도사님을 따라 찬송가를 불렀다. 이런 수라장을 햇빛은 밝게 비추었다. 두 시간 동안만 광장의 층계에 앉아 예배드리고 점심식사를 하는 것을 왜 그렇게 반대할까.

광장 주변을 살펴보았지만, 광장은 길로 둘러싸여 있었고, 길 건너에는 상가들만 있을 뿐 주택이나 아파트는 거의 보이지 않았다. 일주일에 두 번 정도 이곳에 사람들이 모이는 것이 오히려 상가들에게 도움이 될 것 같았다. 주민들이 반대하는 민원에 구청이 막으러 나왔다는 것이 문제였다. 노숙자들이 모이는 것을 주민들이 반대하는 것은 저들끼리만 잘살겠다는 이기적인 욕심이었다.

언제부터인가 우리 사회는 잘사는 계층이 저들만의 둥지를 만들고, 못사는 계층과의 격리를 자행하면서 갈등을 빚고 있다. 이런 갈등이 사회전체를 점점 불안하게 하는 것 같았다. 눈앞에 벌어지는 광경을 보고 있자니, 민주화를 위해 데모를 하던 80년대가 떠올랐다. 그때에 나는 학생들의 운동을 지지하지도 반대하지도 못한 채, 마음으로만 회의하는 부끄러운 지식인이었다.

강력한 저지에 시간만 흘렀다. 할 수 없이 옆에 있는 화양교회의 교육관으로 노숙자들을 인도해서 식사를 대접했다. 자리가 좁아 음식을 전하기가 어려운 가운데 노숙자들은 말없이 식사를 했다. 침묵으로 채워진 교육관에서 음식을 릴레이식으로 전달하면서, 지역 사람들의 이기심에서 비롯된 민원을 그대로 따르기만 하는 구청 당국의 무능에 분노를 느꼈다.

봉사의 기쁨을 누리지 못하고, 그냥 순응만 하고 돌아오는 버스에서 봉사대원들은 아무 말도 하지 않았다. 버스가 청담대교를 건너는 동안, 광진구 구청장에게 '광진구가 먼저 행복한 사회를 열어가는 선도적 역할을 담당해 주셨으면 합니다.' 하는 편지를 보낼까 생각해 보았다.

그 다음 목요일 3·1절 날 나는 혼자서 광진구 광장으로 갔다. 혹 구청장의 호의로 잘 해결되지 않았을까 기대하면서 어린이대공원역 5번 출구로 나왔다. 그러나 광장은 텅 비었고 조용했다. 예배소리는 들리지 않았고 화양교회를 바라보니 전도사님이 노숙자와 노인들을 정중하게 화양교회로 맞이하고 있었다.

전도사님께 다가가서 "광장의 사용이 허락되지 않았군요?" 하고 물었다. "주민과 부딪치는 것이 하나님의 뜻에 오히려 누를 끼치기 때문에 광장사용을 포기했어요." 하고 전도사님은 대답했다. 어려운 사람들에게 소망을 주고 허기를 채워주려는 목회자의 뜻이 무너졌다. 청량리역 광장에서 700여 명에게 베풀던 급식을 150명 정도만 받아들여야 할 정도로 화양교회의 교육관은 좁았다.

화양교회 교육관을 향하여 올라갔다. 안을 들여다 볼 수 없을 정도로 노숙자들은 현관 밖까지 꽉 들어찼다. 봉사대원들은 계단에서 음식을 접시에 담아 릴레이식으로 전달하고 있었다. 봉사하는 사람들의 표정도 어두웠다. 즐거운 마음으로 식사를 제공할 수 있는 장소가 되지 못한다는 사실에 서글펐다. 착잡한 심정으로 나오다가 상가를 운영하는 주민 한 사람을 만났다. 그는 광진구 주민으로써 광장에 노숙자들의 모임을 허락하면 이 거리가 더러워지고, 여름이면 노숙자들의 거주지가 될 것이며, 여기에서 발생하는 방범문제를 구청이 담당하기 어려울 것이라고 말했다. 그리고 요즘은 정부에서 가난한 사람들에게 최소한

도의 기본생활비를 주기 때문에 그것으로 살 수 있다. 무료급식에 오는 것은 법에 따르지 않고 마음대로 살고 싶은 행동이라며, 그들이 자립하도록 하려면 무료급식을 중단해야 한다. 이곳을 허용하면 종로3가처럼 된다. 법도 질서도 없이 더러워지는 거리를 누가 책임을 지며 담당하겠는가.

그분의 의견을 듣는 동안, 내 마음에 가득했던 분노가 자신도 모르게 사그라지고 있었다. 어떻게 하는 것이 옳은지 판단할 수가 없었다. 명료한 해결책도 찾지 못하고 항상 이럴 수도 저럴 수도 없이 마음으로만 걱정할 뿐이었다. 오늘도 나는 마음으로만 전쟁을 했다가 포기하고 제자리로 돌아왔다. 내 뜻을 어디로 향해야 하는지…. 갈피를 잡지 못하기는 30년 전이나 지금이나 마찬가지였다. 언제나 나는 마음으로만 번뇌하는 자였다.

2.

마음 밖은 구름을 따라

실미도는 말이 없고

지금 우리는 실미도로 가고 있다. 영화를 통해서 알게 된 섬 실미도, 그곳에 가면 영화에 드러나지 않은 무엇이 있지 않을까. 어떤 곳이기에 684 부대원들을 가혹하게 훈련시키는 장소로 선택되었을까 하는 의문이 꼬리를 물었다.

이곳을 안내하는 E선생은 말없이 인천공항 방향으로 가고 있다. 아마 인천에서 배를 타고 가는가 보다 짐작하는 순간, 물에 누워서 가시철망 밑을 통과하던 영화의 한 장면이 떠올랐다. 인천공항이 가까워 오는데, E선생은 뒤를 따라오고 있는 K교수에게 "앞으로 10분쯤 가다가 용정도·무의도 방향으로 빠집니다."라고 가는 방향을 알려 주었다.

용정도 · 무의도로 들어서는 입구에서 K교수의 차가 오기를 기다렸다. K교수의 차가 뒤에 모습을 드러내자, 자동차는 다시 출발했다. 처음 길이라 어리둥절한데 자동차는 곧 포장되지 않은 길로 들어섰다. 길은 좁고 구불구불했다. 창밖의 풍경을 보니 도시에서는 보지 못했던 꽃들과 풀이었다. 그런데다가 시멘트 건물이 보이지 않아서, 햇빛을 받고 있는 들꽃과 무성한 풀이 도시 문명을 잊게 했다. 공기가 맛있을 것 같아 창문을 활짝 열었다. 밝은 햇살에 드러난 가을의 풍광에 혹하여 그 자리에 그냥 멈추고 싶었다.

자동차가 멈춘 곳은 연안부두였다. 선착장은 한가했고, 우리는 자동차에 앉은 채로 큰 배에 올랐다. 무의도로 가는 배였다. 월요일이라 그런지 사람이 별로 없었다. 배는 푸른 물살을 헤치며 나갔다. 푸른 바다의 물결은 물고기의 비늘모양으로 햇빛에 반짝거렸다. 탁 트인 바다에 마음이 시원했다. 육지에서는 볼 수 없는 해상의 풍경에 넋을 잃고 있는 데, 배는 방향을 바꾸며 속도를 늦추었다. 배가 멈추자 자동차는 그대로 빠져 나왔다. 바로 앞에 드라마 '천국의 계단'의 촬영지였음을 알리는 안내판이 있었다.

우리는 '천국의 계단'을 향하여 걸었다. 내게는 '천국의 계단'이 영화인지 TV 드라마였는지 생소한 작품이었다. 아름다운 시설들이 집 주위에 있었고, 그 집으로 가는 길의 끝에 있는 집이 천국을 상징할 만큼 아름답게 보였다. 몇 개의 계단을 오르자, '천국을 찾는 네 젊은이의 사랑과 야망에 대한 러브로망'이라는 게시판이 있었다. 인간의 운명과 의지, 관습과 금기에 도전하는 네 남녀의 치열하고 가슴이 저린 사랑이야기라는 해설이 감동으로 다가오지 않았다.

젊은 날에는 사랑이 삶의 전부일 수도 있지만, 살기 위한 실미도의 혹독한 훈련에 비하면 사랑은 사치였다. 36년 동안 낡은 캐비넷에 서류로 묻혔던 사건이 영화로 세상에 드러났다. 사형수로 죽기보다는 특수공작원을 선택했던 사람들과 종신형을 받은 사람들을 합한 31명이 1968년 4월 4일 칠흑 같은 밤에 684부대를 조직했던 곳이 실미도였다.

온갖 특수한 전쟁을 겪은 베테랑 요원을 배치해서 '평양에 침투하여 주석궁을 폭파하고 김일성의 목을 베어오는 작전'이 부대의 목표였다. 그 목표를 위해 당연히 죽어야할 자를 선택하여 40인용 텐트 하나만 설치한 채, 부대를 창설하고 가혹한 훈련을 했었던 실미도는 바로 앞에 보이는 푸른 섬이었다.

밀물이 들어오기 전 오후 2시 안에 실미도에서 나와야 한다고 입장권을 파는 안내원이 말했다. 눈으로 보기에 가까운 거리인데도 물이 빠져야 건널 수 있는 돌길은 멀었다. 조심스럽게 돌을 밟으며 아래를 보니, 바위 사이를 조그만 물고기들이 빠르게 움직였다. 그런가하면 물결을 따라 왔다가 바위에 걸린 해파리는 숨을 헐떡거렸다.

발을 헛디디지 않으려고 조심조심 걸어 실미도에 닿았다. 조그만 섬이었다. 물만 빠지면 한 바퀴 돌 수 있을 것 같은 데 반대편에는 물이 넘실거렸다. 텐트를 설치했던 흔적은 없었다. 아무리 둘러보아도 혹독한 훈련을 할 수 있을 만큼의 땅도 없었고, 물이 빠지는 시간에만 무의도를 통하여 드나들 수 있는 섬이었다.

훈련과는 전혀 거리가 먼 아름다운 섬이었다. 너무나 맑은 날씨에 우리 일행 다섯 사람은 실미도를 찾은 뜻을 잊은 채, 한없이 푸른 바다, 파란 하늘, 잔잔한 물결, 물이 들어왔던 자리까지 붙어 있는 굴 껍질에 정신을 빼앗겼다.

하지만 남북이 화해로 바뀌는 역사의 방향과는 반대로 그들은 또다시 죽어야하는 운명에 처했다. 그토록 참혹하게 받았던 훈련은 목적을 실현해 보지도 못한 채 죽음으로 내몰리게 되었다. 오직 죽음을 면하기 위해 가혹한 훈련을 받아야 했던 실미도는 파도소리만이 가냘프게 울렸다. 울룩불룩 튀어나온 바위에 붙어 있는 굴 껍질은 햇빛에 희끗희끗하게 하얀 모습을 드러냈다.

바다와 하늘이 닿은 수평선이 아득하다. 바다 한 가운데 배 한 척이 세월을 낚는지 한가롭게 떠 있다. 영화에서 보았던 모진 훈련을 잊을 만큼 해안의 풍경이 정겹다. 우리는 흰 모래 위에 한동안 앉아 있었다. 나지막한 물결소리는 자장가로 들릴 정도로 조용했다. 실미도는 아늑하고 평화로운 섬이었다. 분단국가의 아픈 현실을 영화의 무대로 촉매제 역할을 했을 뿐, 실미도는 역사와는 관계없는 자연의 섬 그 자체였다.

북한문화원 해설자

조선시대 옛 선비들이 찾았던 금강산에 간다. 기행문과 사진으로만 익숙했던 금강산, 세계에서 아름답기로 유명하다는 금강산, 남북분단으로 마음대로 갈 수 없는 곳을 20여 일을 앞두고 용기를 내어 금강산 관광을 신청했다. 아침 8시 10분 잠실 종합운동장에서 버스로 출발하여 금지지역까지 오는 동안 산은 경계선 없이 이어졌다.

북한에 들어가는 수속서류를 작성하며, 휴대전화를 맡기는 절차를 밟는 동안 분위기가 삼엄했다. 그래도 우리 친구들은 늠름했다. 설레는 마음과 두려움이 교차하는 가운데 안내자는 "여기부터 민통선입니다."라고 말했다. 시계는 오후 2시를 가리켰다. 남한과 북한이 만나는 곳 '동해선 도로 남북출입사무소(세관검문소)'를 지날 때 사진기는 검열을 받아야 했다. 세관검문소를 나와 2호 버스에 올랐다. 관광객을 태운 몇 대의 버스가 DMZ(비무장지대)를 같은 시간에 통과해야하기 때문에 잠시 멈추고 기다렸다.

"그리운 금강산, 뜻 깊은 관광"이라는 플래카드가 먼저 눈에 들어왔다. 2호 버스를 안내하는 사람은 "현대직원이 인사하면 박수로 격려해 주세요." 하고 부탁했다. 안내자는 금강산 관광이 1998년 9월 18일에 해로관광이 열렸고, 2003년 9월에 육로관광, 2008년 3월에 승용차 관광, 최근에 내금강까지 열렸다는 역사를 이야기했다. "여기부터 비무장지대입니다. 북측의 문화를 접해보는 것이 좋습니다. 모르는 것은 물어도 좋습니다." 시계는 오후 3시 25분이었다.

황색으로 표시된 군사분계선을 지나 북측의 검문을 통과하는데 산에는 나무가 없고, '위대한 동지 김일성 만세'라고 쓴 현수막이 먼저 눈에 띄었다. 지금 우리가 가고 있는 길은 남한이 관광용으로 만든 전용도로인 것 같다. 길에서 멀리 떨어진 금천리 마을이 희미하게 보인다. 밤에는 원산에서 전기를 끌어 쓰며, 관광지는 자가발전이라고 한다.

온정각에 도착하자, 먼저 세계 최고 수준의 교예단이라고 자랑하는 금강산 교예단으로 안내되었다. 그들이 공중에서 그네를 아슬아슬하게 바꾸어 잡는 모습에 손바닥이 아프게 손뼉을 쳤다. 기쁘기보다는 왠지 서글펐다. 저녁 6시 서커스가 끝나고 저녁식사를 했다. 버섯전골은 이미 떨어졌다고 해서 콩나물국에 더덕구이를 먹고 나와서 식당 앞에 있는 의자에 앉았다. 우리들은 설악산과는 다른 금강산과 푸른 소나무를 살피며 맑은 공기를 흠뻑 마셨다. 그 맛을 연장하려고 우리는 금강산호텔까지 걸었다.

이튿날 산책하려고 아침 6시 호텔의 문을 나서는데 바로 앞에 '21세기의 태양 김정일 장군 만세!'라는 글씨와 함께 김일성과 김정일의 석상이 있었다. 그 석상을 아가씨가 물걸레로 정성스럽게 닦고 있었다.

8시 10분에 내금강으로 가는 버스에 올랐다. 우리 버스에서 안내를 담당하는 사람은 북한 문화원 해설자인 K양으로 바뀌었고, 그녀를 감시하는지 혹은 관광객을 살피는지 젊은 군인 한 사람도 버스 문 앞에 앉아 있었다. 표훈사까지 2시간이 걸린다면서, "금강산을 보기 전에 산을 말하지 말라. 돌이 만 가지 물이 천 가지 재롱을 부린다."는 말로 K양은 이야기를 시작했다. 여러 모양의 산봉우리와 계곡 등에 얽힌 전설을 풀다가 명산인 금강산에 도취되어 18세기 말엽에 활동했던 강중흠의 시를 즉흥적으로 읊었다. 그 시를 받아쓰기가 어려워서 귀로 들으며 길가에 걸린 현수막에서 '위대한 김일성 동지는 영원히 우리와 함께 계신다.'를 노트에 기록했다.

그 다음 김삿갓의 시도 읊다가 도라지에 관한 전설 등 끊임없이 이야기하는 동안 나는 창밖을 내다보았다. 햇볕이 쨍쨍 내리쬐는 밭 가운데에 군인이 빨간 깃발을 들고 서 있는 모습이 로봇 같았다. 그때 옆으로 지나가는 트럭에 탄 일꾼들의 얼굴은 초췌하고 걸친 옷은 낡고 더러웠다.

내금강으로 가는 길은 시속 15km로 천천히 갈 수밖에 없는 좁은 외길이었다. K양은 장안사와 표훈사를 설명하고 묘길상까지 다녀오라고 했다. 묘길상은 바위에 새긴 거대한 마애석불이었다. 높이 15m, 너비 2.6m, 귀의 길이 1.5m, 얼굴부분을 두드러지게 새겼고, 얼굴은 인자하고 복스러운 표정이었다.

오늘의 일정이 끝나고 돌아가는 버스에서 K양은 말이 없었다. 나는 메모 노트를 내밀며 아침에 낭송했던 강중흠의 시와 김삿갓의 시를 적어달라고 했다. 내 노트를 훑더니 '위대한 김일성 동지는 영원히 우리와 함께 계신다.'라고 기록한 부분에 김일성 동지 앞에는 반드시 '수령'이라는 말을 넣어야한다며 그 말을 써넣었다. 철두철미한 K양의 사상에 몸서리가 쳤다. 여러 작품의 시를 외울 때 관광객 모두는 감탄했었다. 요즘 시를 그렇게 외우는 사람이 흔하지 않기 때문에 가이드로서 많은 준비를 한 것으로 생각했었다. 그러나 가이드로서가 아니라 김일성에 대한 충성심, 아니 사회주의 사상에 완전히 감염된 것이었다.

들 가운데 군데군데 꽂혀있는 빨간 깃발의 의미를 K양에게 물었다. 빨간 깃발은 일하고 있다는 표시라고 했다. 멀리 논에는 열 사람 정도가 모를 심고 있는 것 같은데 열다섯 정도의 사람들은 논둑에 앉아 있었다. 서로 교대로 모를 심는 것으로 짐작했다. 북한 땅에서 북한 안내원과 보낸 하루였다. 왠지 하나가 되지 못한 분위기였다. 너무 오랜 세월 서로 다른 이데올로기로 길들여 왔기 때문이 아니었을까. 출발했던 곳이 가까워 오면서 K양은 마지막 인사라면서 "나의 살던 고향은…" 노래를 불렀다. 우리도 함께 불렀다. 고향 노래로 북한 문화원 해설자의 심경을 알 수 있었다. 나는 버스에서 내리며 "잘 있으라."고 손을 잡았다. 하고 싶은 말은 많았지만, 마음대로 할 수 없다는 생각이 목에 걸렸다. 이렇게 북한과 남한은 손은 잡았으나 마음은 대치하고 있었다.

톤레샵 호수에서

톤레샵 호수(Tonele Sap Lake)로 가는 버스에 올랐다. 몸은 호수로 향하는데, 어제 기어올랐던 앙코르와트 사원의 거대한 석축물이 머리에서 떠나지 않는다. 버스 창을 통하여 보는 거리는 포장되지 않은 도로를 달리는 오토바이와 자동차로 먼지가 자욱했다.

가이드는 동양최대의 호수라면서 그 옆에 사는 집들은 우기 때는 물에 뜬다고 설명했다. 건기 때 빠져나가는 물에 따라가지 못하고 남아있는 조그만 고기들을 잡아 젓갈을 담근다고 한다. 이것으로 가난한 사람들은 단백질을 취한다는 가이드의 말을 들으며, 먼지로 희미한 길가의 조그만 집들을 보았다. 그 안에서 사람들의 움직이는 모습이 비속의 화면 같았다. 따뜻한 나라이기 때문인지 사람들은 거의 위의 옷은 입지 않았고, 아래만 형

값을 걸쳤다.

나무로 얼기설기 지은 집들은 그 안이 훤히 들여다보였고, 살림살이는 낡아빠진 그릇들과 물건들이 흩어져 있었다. 가난했던 우리나라의 1960년대를 떠올려 보아도 우리는 저렇게 비참하지는 않았었다는 생각이 들었다.

배들이 정박해 있는 물가에 이르자마자, 가이드는 예약해 놓은 배로 안내했다. 배에 오르는데 조그만 아이들이 손을 잡아주었다. 얼굴도 손도 까만 아이들이 내 손에 닿는 순간 더럽다는 생각이 들었다. 그 생각을 버리지 못하고 있는데 그 아이들이 배를 밀어서 움직였다.

좁은 수로로 들어가는데, 물 위에 집들은 다닥다닥 붙어서 하나의 부락을 이루고 있었다. 우기 때는 위로 뜨고, 건기 때는 가라앉는다는 집들이었다. 엉성한 나무집 앞에서 관광객을 구경하는 그들의 표정은 무덤덤했고, 그 앞에 널려 있는 빨래들은 황토색으로 걸레 같았다.

바다처럼 점점 넓은 곳에는 학교도 있었고, 농구 코트장, 교회, 상가들만 모여 있는 시장도 있었다. 가끔 조그만 배가 야채와 과일을 싣고 떠다니며 팔고 있었다. 호수에 드문드문 떠 있는 집들을 바라보다가 '똘레 대구 칠곡 선상교회'라는 한글표지에 반갑고 정신이 번쩍 들었다. 태극기와 캄보디아 국기가 나란히 펄럭이고 있었다.

사방을 둘러보라고 배는 모터를 잠시 멈추었다. 멀리 보이는 육지와 군데군데 떠있는 섬들은 수풀이 우거져 밀림을 이루고, 그 밀림 사이를 지나가는 배들은 그림처럼 아름답게 보였다. 그러나 가까이 있는 황토 빛의 물은 사람들의 고달픈 모습을 생각하게 했다. 그들은 겉모습이 초라한데다가 얼굴에서 풍기는 표정도 밝지 않았다. 생존만이 있을 뿐, 문명이 전혀 존재하지 않았다. 오로지 살기 위하여 먹고 자는 것 이외는 아무것도 할 수 없는 물 위에서 그들은 배를 타고 관광하는 사람들을 보며 무엇을 생각할까. 그런가하면 거대한 사원을 지었던 조상들은 지금 후손들이 이처럼 가난할 것을 예상했었을까. 그들의 비참한 모습에 내 마음이 착잡했다.

전기가 없어서 냄비뚜껑을 깨끗이 닦아 문 앞에 걸어 놓았다. 밤에 들어오는 배의 불빛에 반사되어 자신의 집을 알리기 위한 뚜껑이었다. 그 뚜껑으로 자신을 보호하는 그들 나름의 지혜였다. 그런데도 그 지혜가 감탄보다는 서글픔을 주었다. 하늘을 찌를 듯이 높아지는 건물과 휘황찬란한 빛으로 유혹하는 문명에 익숙했던 우리들에게 그들의 삶은 원시적이었다. 그래도 그들은 행복하게 생각한다는 가이드의 말이 믿어지지 않았다. 모르는 것이 행복일까.

조그만 고무통 안에 앉아 두 손으로 부지런히 물을 저으며 달려와, 관광객 배를 향하여 '원 달라!'를 구걸하는 6~7살쯤 되어 보이는 아이들, 그들은 학교교육도 받지 않고 산다. 배움보다는 당장 먹을 것을 마련하기 위해 돈을 구걸하는 것이 더 긴박한가 보다. 아무리 무료로 가르치며 점심을 준다고 해도 오지 않는단다. 배움의 필요성보다 먹고사는 것이 더 우선적이기 때문이다.

동양최대의 호수라는 낭만적 기대는 무너지고, 예상하지 못했던 수상촌의 생활은 애잔한 슬픔을 주었다. 이들에게 어떤 도움도 주지 못하고, 오히려 그들에게 어두운 그림자를 심어주고 가는 관광객이라는 생각이 들었다. 여기에서 사는 사람들이나 관광객 모두에게 신기함이나 즐거움을 주지 못하기 때문이다. 골목길을 겨우 통과하여 큰길로 나오는 사이에 아름다운 꽃을 달고 있는 나무들이 마음을 달래주었다. 우리나라에서 볼 수 없는 커다란 진분홍빛의 꽃을 달고 있는 나무를 보는 순간, 바로 저 꽃이 '쓰레기 더미에서 핀 장미' 같았다. 꽃은 어느 곳에서도 예쁘게 핀다. 사람들도 어떤 곳에 살던 꽃들처럼 아름답게 기쁘게 살 수 없을까.

청계야 웃자

'눈이 오나 비가 오나' 화요일이면 우리들은 청계산에 간다.

청계산 입구에서 친구들을 만나는 순간, 여고 시절로 돌아가 대수롭지 않은 이야기에도 깔깔 웃으며 매봉으로 오른다. 해발 582.5m라는 매봉의 표고석(標高石)이 눈에 들어오는 순간, 하루의 일과를 완성했다는 기쁨에 숨을 크게 내쉬고, 뒷면에서 "내 아무것도 가진 것 없건마는 머리 위에 항시 푸른 하늘 우러렀으매 이렇듯 마음 행복 되노라."라고 새긴 유치환의 시 한 구절에 행복의 순수한 의미를 깨닫고 내려온다. 몸과 마음을 자연에 충전시킨 후 먹는 점심식사가 맛있거니와 거기에 곁들이는 이야기가 우리들의 정을 무르녹게 한다. 나이를 망각한 채 한없이 떠들다보면 헤어질 시간에 이르고, 다음 화요일을 기대하며 아쉬운 마음으로 자리를 뜬다.

우리들은 산이 좋아서 만나게 되었고, 계속되는 산행이 서로에게 따뜻한 관계로 이어져서 '눈이 오나 비가 오나' 청계산을 찾는다. 일주일에 한 번씩 산에 함께 오르다보니, 형제보다 더 가까운 정을 느낄 정도로 발전했다.

TV의 기상뉴스에서 영하 10도를 넘는다고 호들갑을 떠는 날에도 우리들은 배낭을 지고 무심하게 집을 나선다. 청계산에 가면 친구들을 보게 되고, 친구를 보는 기쁨에 도란도란 이야기하며 산에 오르다 보면 추위는 아예 잊어버린다. 숨을 고르기 위해 천천히 걷던 능선 길에서 매봉을 향한 가파른 길로 오르다가 숨이 차서 멈추는 순간, 예상하지 못했던 설경에 압도된다. 도시에서는 흔적도 없이 사라진 눈을 소복하게 안고 있는 하얀 나무들, 그 밑에는 솜을 펼친 놓은 것 같다. 그곳에 발자국을 찍고 싶은 마음을 애써 참으며 그대로 두는 것이 순결을 지키는 것 같아 그냥 스친다.

봄이면 검은 줄기에 붙어있는 연분홍 빛 꽃망울부터 진달래꽃이 흐드러지게 피어나는 모습을 보고, 여름이면 우거진 수풀 길에서 연극 무대의 조명처럼 나뭇잎들 사이로 쏟아지는 햇빛에 세상을 잊는다. 가을이면 한 주일을 단위로 변하는 단풍의 빛깔에 매혹되어 다음 화요일을 놓치지 않겠다고 마음을 다잡는다.

이렇듯 사계절의 자연에 흠뻑 취하여 산에 오르던 어느 날, 서초구청 공원 녹지과에서 청계산에 '사연이 있는 층계'를 설치한다는 신문기사를 보았다. 옥녀봉에서 매봉으로 가는 등산로 가운데서 경사가 심한 산토끼 옹달샘에서 헬기장에 이르는 1,090m 구간에 사연을 담은 1,500개의 나무계단을 만들겠다는 내용이었다.

그 기사를 본 순간, 1,500개의 계단 가운데 한 계단에 우리들의 등산모임을 새기고 싶었다. 그 소망은 곧 층계에 새길 구절을 마련하는 데로 이어졌고, 이런 말 저런 말로 흥분하며 떠들다가 우선 '화요일'과 '이화등산 60'라는 글자를 넣어야한다는데 동의했다. 이 말을 골자로 뽑아낸 '화요일이면 청계산에서 만나 웃자. 이화등산 60'라는 글귀를 가지고 서초구청에 접수하러 갔다. 담당직원이 이 글을 컴퓨터에 입력시키더니, 15cm 높이의 나무계단에 넣기에는 글자의 수가 너무 많다며 줄이기를 권했다. 우리들은 또다시 머리를 맞대고 줄이고 줄이다가 드디어 "청계야 웃자. 이화등산 60"라는 말로 신청했다.

발 빠른 젊은이들에게 밀려 뽑히지 않을까 걱정하던 날, 몇 개의 인상 깊은 사연과 함께 우리들의 사연도 새겨진다는 사실을 한국일보(2006년 3월 13일 월요일)에서 보았다.

"계단을 밟을 때마다 가슴이 찡~"이라는 표제로 여러 사연을 공개했다. '○○의 입학을 축하하며', '아빠 엄마 오래오래 행복하게 사세요.', '△△야, 우리 사랑 잊지 말자', 서울 청계산을 찾는 등산객들은 앞으로 1,500개의 사연을 담은 나무계단을 밟으며 산을 오를 수 있게 됐다면서, 사연에 얽힌 여러 배경까지 덧붙여 썼다.

그 가운데 우리 등산모임의 사연이 가장 큰 지면을 차지했다. 구청 공원녹지과 사무실까지 직접 찾아와 '청계야 웃자, 이화등산 60'이라는 글귀를 새겨달라고 당부했다는 것과 10여 년이 넘도록 청계산에서 만나는 우리들의 등산모임을 상세하게 기록했다.

우리들은 이 기사를 읽으면서 웃었다. 그러자 한 친구가 '우리의 사연이 가장 크게 다루어진 것은 좋은데, 왜 할머니라고 썼는지…. 할머니라는 말만 뺏으면 더 좋았을 텐데' 하고 말하는 바람에 모두 배꼽을 잡고 웃었다. 만나면 여고동창생으로 돌아가는 우리들에게 할머니라는 생각이 낯설기 때문이다.

드디어 사연을 담은 계단이 완성되었다. 우리들의 사연이 어디에 있을까 조심스럽게 살피며 오르는데 80번 자리에 '청계야 웃자 이화등산 60'이 가장 환한 글씨로 우리를 반겼다. 순간 마음이 흐뭇했다. 우리뿐만 아니라 이 계단을 밟는 모든 사람들에게도 웃자고 말하고 있다. 일상생활의 잡다한 일을 잊고 땀을 흘리며 오르다가 만나는 글귀가 마음을 정화시키고 기쁨을 줄 것 같다.

계단에서 우리 사연을 볼 때마다 할머니라는 말 때문에 웃었던 기억에 또 웃는다. 이래저래 청계산에 오면 웃을 수밖에 없다. 아마 나이가 들어 청계산에 오지 못한다 하더라도, 80번 계단 '청계야 웃자, 이화등산 60'은 청계산에 오르는 모든 사람들에게 영원히 웃음을 선사할 것이다.

눈물의 박수

천진공항에서 북경으로 가는 버스에 올랐다. 조선족 가이드의 유창한 우리말이 편안하게 들렸다. 하지만 그 편안함은 곧 사라지고, 고속도로를 정비하느라고 국도로 가기 때문에 예정시간보다 늦겠다는 가이드의 말에 사람들은 불만을 드러냈다. 그래도 나는 고속도로보다는 국도에서 중국의 실체를 더 가까이 볼 수 있다는 기대를 안고 창밖으로 눈을 돌렸다.

길가에 규칙적으로 심어져 있는 나무들은 군인들이 소대별로 서열하고 있는 것 같았다. 멀리 보이는 집들은 낮고 모양이 같으며, 가까이 보이는 공장들은 낡아서 폐허 같은 느낌이었다. 자전거를 타고 가는 사람들의 검은 옷과 소형트럭의 뒤에 타고 가는 노동자들의 어두운 모습으로 거리는 음울한 분위기였다. 그런 가운데 버스는 계속 달렸고, 달리고 달려도 산이 보이지 않는 넓은 대지가 부러웠다.

1년 강수량이 적은 탓인지 큰 나무는 거의 보이지 않았다. 바둑판처럼 네모반듯하게 정돈된 농토는 복숭아나무와 밀밭으로 되어 있었고, 띄엄띄엄 있는 복숭아나무들은 가지가 앙상했다.

점점 높은 건물이 나타나는 것을 보니, 북경이 가까워지는가 보다. 북경시에 들어서니 고층빌딩이 즐비하고 사람들이 북적거렸다. 자동차보다 자전거로 퇴근하는 젊은이들이 더 많다. 그런데도 교통체증으로 자동차들이 움직이지 못하니 북경의 인구가 많은가 보다. 자전거를 탄 사람이나 자동차에 있는 사람 모두가 고달프게 보인다. 저녁식사를 위한 식당으로 가기까지 본 중국의 모습은 그리 밝지 않았다.

식당은 수백 명이 함께 식사할 수 있을 정도로 넓었다. 15사람이 앉는 둥근 식탁에 진열된 음식들은 양이 많았고, 10여 가지에 이르는 음식은 모두 기름진 음식이라 먹기가 어려웠다. 진수성찬은 배고픔을 겨우 면하기 위한 그림일 뿐이었다.

식사 후 전통서커스를 공연하는 극장으로 갔다. 여기저기 무리 지어 떠드는 중국 사람들의 소리가 우리들을 피곤하게 했다. 어서 시작되기만을 기다렸다. 드디어 막이 오르며, 작은 바퀴 위에 높은 대가 붙어 있고, 그 대에 의자가 달린 자전거를 탄 단원들이 음악에 맞추어 무대를 누볐다. 자전거가 하나씩 사라지다가 마지막에 자전거 한 대만 남았다. 그 자전거도 무대 뒤로 들어갈 것으로 예상했는데, 오히려 그것이 무대를 한 바퀴 돌 때마다 한 사람씩 매달렸다. 마지막에는 열 사람이 넘게 올라타서 자전거의 위력을 과시했다. 많은 사람과 함께 자전거가 사라지자, 두 사람이 커다란 통을 가지고 나와 누워서 통을 굴렸다. 그 통을 반대편으로 던져 서로 바꿔 굴리기도 했다. 높은 천장에 달린 그네를 탄 사람이 훌쩍 넘어서 맞은편 그네를 잡았다. 이렇듯 높은 곳에서 그네를 교체하는데 성공하자 자신도 모르게 박수를 아낌없이 쳤다.

박수가 그치지 않는 가운데 나무 의자들이 무대로 나오고 있다. 의자들을 한없이 위로 쌓아 가는 동안 관객들은 숨을 죽였다. 숨소리가 들릴 정도로 조용한 가운데, 빈약한 젊은 남자는 의자를 계단 삼아 오르기 시작했다. 맨 꼭대기 의자의 한 귀퉁이를 한 손으로 잡고 거꾸로 섰다. 의자의 모서리에 한 팔로 온몸을 의지한 것이 금방 무너질 듯 아슬아슬했다. 모두 숨을 죽이며 긴장했다. 누군가가 박수를 치자 모두가 손뼉을 쳤다. 손바닥이 아픈 줄도 모르고 열심히 치는 내 얼굴에는 눈물이 흘렀다.

몸에 착 달라붙은 옷을 입은 여인 두 사람이 무대 앞으로 나왔다. 몸을 천천히 움직이더니, 360도로 구부려 두 다리 사이로 얼굴을 내밀었다. 순간적으로 그 여인들이 뱀으로 연상되며 슬펐다. 아슬아슬한 곡예에 박수를 치면서도 기쁘지는 않았다. 그들의 묘기가 슬픔으로 느껴진 것은 의외의 일이었다. 저렇게 몸을 자유자재로 움직이는 것이 사는 길일까.

지금까지 살아오는 동안, 박수는 기쁠 때나 좋은 일에만 치는 것으로 알았다. 아마 2002년 월드컵 때 폭발했던 박수는 많은 사람들과 함께 가장 신나게 쳤던 것으로 잊혀지지 않는다. 어느 날 TV에서 발레리나 강수진의 발톱을 화면에 크게 비추었다. 그의 우아한 몸짓을 볼 때는 박수를 치며 감탄했을 뿐 슬프지 않았다. 세계 정상에 서기까지 발톱이 빠지고 물집이 잡히는 아픔을 참으며 노력한 훈련의 과정을 보여 주기 위함이었다. 그래도 그 문드러진 발톱은 예술가로서의 영광으로 생각되었을 뿐, 서커스처럼 위험한 것으로 보이지 않았다. 오히려 예술을 위한 혼신의 노력으로 기억되는 징표였고, 영광의 열매를 거두기 위한 흔적에 박수를 보냈다.

그렇지만 서커스를 하는 사람들은 가난 때문에 선택한 것이기에 가혹한 훈련을 견뎌야 무대에 설 수 있었다. 위험을 피할 여유가 없는 자들이었다. 그러한 어려움에서 나온 몸짓이기에 나는 의도적으로 손뼉을 열심히 쳤다. 즐거운 박수가 아닌 눈물의 박수였다.

극장 밖을 나서는 마음은 착잡했다. 묘기를 보았다는 추억이 신기한 즐거움으로 연상되지 않았다. 서커스를 직업으로 해야 하는 그들은 궤도를 벗어나 위태로움에 도전한다. 예술가들처럼 후대에 남을 명예를 위해서가 아니라 먹고 살기 위해 하지 않으면 안 되는 절박한 생활에서 주어진 길이다.

발레리나는 시간이 지날수록 점점 예술가로서 명성을 얻지만, 서커스를 하는 사람들은 젊음이 지나면 서커스의 생명도 끊어진다. 발레는 기쁨을 주는 예술인 반면에, 서커스는 고통과 위험만 따를 뿐만 아니라 생명까지 내놓아야하는 몸짓이 아닌가.

선물로 받은 소금

날마다 그릇을 씻는 설거지대 앞에는 조그만 창문이 있습니다. 그 창가에 친구가 선물로 준 소금을 놓았습니다. 초등학교 1학년 어린이 주먹만한의 크기입니다. 카키색 포장지에 황금빛 끈으로 국화모양의 리본을 만들어 붙인 모습이 하도 예뻐서 금방 풀 수가 없었습니다.

"전라도 신안에서 온 천일염인데 너에게 주려고 어제 저녁 한 시간 반 동안 볶은 것이야" 하고 친구가 말했습니다. 한 시간 반 동안이나 볶았다는 말에 가슴이 찡했습니다. 지금까지 별로 중요하게 생각지 않았던 소금이 친구의 정성으로 특별한 물건이 되었습니다.

친구는 매주 화요일 청계산에 함께 오르는 고등학교 동창생입니다. 15년 동안 만났기 때문에 성격이나 생활을 잘 알고 있습니다. 여러 친구들 가운데 유달리 계절에 맞추어 아름다운 빛깔의 등산복을 입는 친구입니다. 식료품을 구입할 때에는 신선도와 쓰임새에 따라 꼼꼼하게 살펴서 고르곤 합니다. 올리브 오일을 구입할 때도 높은 온도에서 사용하는 것과 생으로 쓰는 것에 대해 명확한 지식을 가지고 분별하여 선택합니다. 모든 면에서 완벽한 친구에게 받은 소금이기에 무엇인가 독특한 뜻이 있을 것 같았습니다.

설거지대 앞에 서면, 소금이 그 뜻을 헤아리게 합니다. 바닷물을 이끌어 가두고, 태양과 바람과 같은 자연의 힘으로 증발시켜 만든 소금입니다. 햇살에 달구어져서 흰 결정체로 태어났습니다. 멀리서 보면 흰 거품으로 보입니다. 그 바닷물이 하얀 소금으로 드러나기까지 삽으로 이리저리 옮기는 사람들의 땀과 열정도 떠오릅니다.

어려운 과정을 거쳐 만들어진 소금이지만 누구에게나 선물로 주고 싶은 물건으로는 생각하지 않았습니다. 금이나 은처럼 값나가는 것도 아니며 빛깔이나 모양도 예쁘지 않습니다. 그럼에도 불구하고 소금은 인간의 생명과 밀접한 관계가 있는 광물자원이라고 합니다. 어떤 음식에나 그것을 넣지 않으면 맛을 내지 못합니다. 소금은 제 몸을 녹여낸 짠 맛으로 음식을 맛있게 하기도 하고, 부패를 방지하는 저장에도 이용되고 있습니다. 소나 젖소들이 먹는 풀에도 소금을 섞어 주어야 합니다. 가축들에게도 소금은 절대적으로 필요합니다.

언제나 소금이 주위에 널려 있어서 불편을 겪은 경험이 없었거니와 음식 안에 녹아 숨겨져 있어서 그 존재를 잊고 있었습니다. 붉은 빛의 고춧가루나 노란 빛의 깨소금처럼 자신의 역할을 강하게 내세우지 않고 다른 것들 속에 스며들어 그것을 조화롭게 변화시킵니다. 고체로 있다가 물에 닿으면 녹아 소금물이 될 뿐 근본 성질은 변하지 않는 물질입니다. 그렇다고 그 자체에 매몰되어 있지 않습니다. '적당한 양'으로 음식의 맛을 상승시키며 짠 맛으로 많이 먹고 싶은 욕심을 차단하기도 합니다.

언젠가 TV에서 소금을 얻기 위해 피나는 노력을 하는 곳을 소개했습니다. 옛날에 바다였던 지역에서 지하의 물을 끌어올려 지게에 짊어지고 와서 밭에 부리고 햇빛에 말려서 소금을 만듭니다. 그 소금을 노새에 싣고 가서 팔아 삶을 이어가는 사람들의 모습을 보여 주었습니다. 우리나라 서해 갯벌에서도 소금을 얻기 위해 뜨거운 햇볕 아래서 땀을 흘리며 일하는 사람들을 보았을 때는 귀중하게 생각했었습니다.

여행지를 소개할 때면 빠짐없이 그곳의 음식으로 맛 자랑을 하면서도 소금의 맛은 내세우지 않습니다. 그것을 보면 안내자들도 소금을 중요하게 생각하지 않은 것 같습니다. 어쩌면 누구나 다 알고 있는 사실이기에 그냥 스쳤을지도 모릅니다.

소금은 와인처럼 냄새도 향기도 없습니다. 와인의 맛을 알기 위해 글라스에 따라서 빛에 비추어 색깔을 보고, 조용히 냄새를 맡아봅니다. 또한 손의 온도가 와인에 전달되지 않도록 글라스의 아래 부분을 잡고 빙빙 돌려서 향기를 맡아 보기도 합니다. 와인은 이렇게 근사한 대접을 받습니다.

소금도 와인처럼 심혈을 기울여 그 자체에 정성을 쏟아서 살핀 적이 있던가를 돌아다보았습니다. '소금과 빛'이라는 표어에 길들여진 채, 진정한 가치를 찾으려고 애쓴 적은 없습니다.

예쁘게 포장된 소금이 뜻밖에 잠든 내 의식세계를 흔들어 깨웠습니다. 자연의 힘과 인간의 노력으로 결정된 소금은 인간에게 '생명'과 '조화'를 생성하는 중요한 물질이라는 사실을 알게 되었습니다. 그리고 소금 같은 사람이 되고 싶다는 소망도 품게 되었습니다. 겉으로 드러내지 않고 꼭 필요한 일을 담당하며, 이웃과 어울리는 사람이 바로 그런 사람입니다. 소금을 쓸 때마다 그 소망을 떠올리며 자신을 일깨울 것입니다.

메콩델타

황톳빛의 물을 가르며 배는 앞으로 나가고 있다. 시끄러운 모터소리와 누런 물이 왠지 혼돈의 세계로 몰아가는 듯했다. 어디로 무엇을 보러 가는지 알 수가 없다. 영어로 안내하는 가이드의 입에서 나오는 말 중 "메콩델타, 메콩델타…"만 들렸다. 넓은 강 한가운데에 이르니 맞은편 멀리 울창한 밀림이 보였고, 그곳으로 가까이 가면서 모터소리가 약해지고 멈추었다. 우리는 곧 배에서 내렸다.

밀림의 숲길은 한 사람이 겨우 다닐 정도로 좁았다. 한 줄로 가다가 폭이 2미터도 되지 않는 수로에 이르자, 가이드는 가늘고 긴 쪽배에 네 사람씩 태웠다. 앞과 뒤에서 노를 젓는 할머니들은 반대편에서 오는 배를 조심스럽게 지나쳤다. 계속 돌아오고 또다시 나가는 쪽배들이 기계처럼 움직였다. 무서워서인지

경이로워서인지 쪽배에 앉은 사람들은 모두 표정을 잃었다.

물과 땅의 경계를 만드는 나무 물코코넛(Dua Nuoc, 영어로 Nipa)은 물에 뿌리를 내리고 하늘을 향해 곧게 뻗었다. 양쪽에 빽빽하게 박혀서 물길을 지키는 물코코넛 뒤는 우거진 숲이라 오로지 하늘만 보였다. 쪽배가 움직이면서 시원한 바람이 일었고, 조용함을 일깨우는 새소리가 맑았다. 숲 속에 숨어있는 좁은 수로를 은밀하게 지나가는 동안 정글 속으로 빨려 들어가는 것 같았다. 마치 영화 속의 탐험가 같다는 생각이 들었다.

조그만 쪽배를 타고 숲속의 좁은 수로를 다닐 수 있는 곳이 지구상에 또 있을까. 할머니들이 노를 저을 때 움직이는 그들의 등뼈에 연민을 느꼈다. 하루 종일 힘겹게 노를 저으면서도 찡그리지 않으며 다소곳한 표정은 오염된 문명과는 동떨어져 있는 듯했다. 수로 위에 걸쳐져 있는 구름다리 끝에는 두서너 채의 집이 있었고, 그 앞에 걸레처럼 낡은 빨래가 널려 있는 곳에서 배를 바라보는 아이들의 얼굴빛은 검고 눈빛은 맑았다. 물과 숲으로 갇힌 이곳에서 아이들은 교육을 받기나 하는지, 또 하루의 일과를 어떻게 보내는지…. 손을 흔들어도 무덤덤한 아이들의 무표정에 나는 조금 당혹스러웠다. 이것이 바로 원시적인 삶의 모습인가.

가이드가 'Mekong Tour'라는 간판이 달린 집으로 안내했다. 코코넛을 갈아서 그 즙을 오래 끓여 캐러멜을 만드는 과정을 보여주며 판매하는 곳이었다. 맛을 보니 우리나라의 엿처럼 달콤한데 훨씬 부드러웠다.

점심식사 후 쉬는 시간에 가느다란 비가 뿌리더니 갑자기 컴컴해진다. 주위가 숲이라 더 어둡고 음침했다. 무엇을 해야 할지 좋은 일이 떠오르지 않는다. 서양 사람들은 의자를 붙여 놓고 수면을 취한다. 멍하게 앉아 있다가 갑자기 '여기가 베트남이구나!'라는 생각이 들었다. 베트남은 1975년 전쟁이 끝날 때까지 우리나라가 월남을 도와 참전했던 나라였다. 한때 그들의 적이었던 나라인데도 "베트남전쟁은 이미 오래전 일입니다. 이제는 서로 친구가 되기를 원합니다. 그런데 한국 사람들이 오히려 전쟁의 상처를 자꾸 들추어냅니다."라고 말하면서 한국 사람을 원망하지 않고 받아주는 선한 사람들이다.

사방을 둘러보니 바나나, 코코넛 그리고 이름을 알 수 없는 여러 가지 나무들이 빼곡히 들어차서 앞이 보이지 않는 정글이다. 내가 살았던 곳과 너무나 다른 공간이기에 나도 모르게 어디에서 사는 것이 좋을까 잠시 비교해 보아도 명확한 답을 얻기 어려웠다. 다만 문명의 자취라고는 어디에도 보이지 않는 곳에 있다는 것이 꿈처럼 신기할 뿐이다.

메콩델타는 티베트에서 시작한 물길이 4,020㎞를 흘러 도달하는 종착점에 해당되는 베트남의 메콩강 주변을 일컫는 말이며, 수많은 수로로 엉키거나 갈라져 있다. 넓은 강가에는 문을 열어놓은 조그만 집들과 상점이 있고, 수상시장이 열리는가 하면, 여러 종류의 배들이 지상의 자동차처럼 수로를 빈번하게 다닌다. 여름철 몬순기후에 주기적으로 발생하는 홍수 때문에 상류의 영양이 풍부한 토사가 떠 내려와 아시아는 물론이고 세계 최대의 곡창지대가 되었다. 풍부한 물과 넓은 평야로 쌀을 3모작으로 생산하고 있다.

농산물을 운반하는 수로가 되기도 하며, 정글에 꼭꼭 숨은 수로를 쪽배로 누비는 여행은 매우 이국적이고 원시적인 자연의 신비감을 준다. 무엇보다도 작은 보트를 타고 지나가는 물코코넛 사이의 물길이 매력적이다. 이곳을 '시간이 멈춘 곳, 전통이 살아 숨쉬는 메콩델타'라고 선전하는 여행광고문이 이방인들을 유혹한다. 언제인가는 산업이 발달하여 지금의 모습을 잃을지도 모른다. 하지만 이곳만이라도 지상에서 '시간이 멈춘 밀림'으로 끝까지 남게 되기를 원하는 것은 나의 이기적인 욕심일까.

아직도 남은 10분

장래 희망이 교사였다. 그 소망을 이루기 위해 대학에 입학하자마자 교사 자격증을 취득하는데 필요한 교과목의 학점을 이수했다. 높은 학점을 얻으려고 열심히 공부하는 동안 교사나 기자로 취직했다는 선배들의 소식이 들리지 않아 늘 불안했다.

친구들 대부분은 현모양처에 소망을 두었는지, 학문에 별로 욕심을 내지 않았고, 직장을 구하려고 애쓰는 것 같지도 않았다. 그럴 수밖에 없었던 이유는 여자들이 대학을 졸업해도 사회에 진출할 수 있는 길이 거의 없었기 때문이었다. 어쩌면 대학을 졸업해도 취직이 되지 않기 때문에 현모양처의 길을 택했는지도 모른다. 나는 가정형편이 넉넉지 못해서, 대학교 4년 동안 가정교사로 중고등학생들을 가르치면서 교사가 되기 위한 훈련이라고 믿었다. 그리고 틈만 나면 정규교사를 채용한다는 공고나 취직을 위한 일자리를 놓치지 않으려고 신문의 광고를 열심히 보곤 했다. 국립대학교의 사범대학 출신은 국가에서 교사직을 배정하는데 사립학교 출신은 스스로 교사 자리를 찾아야했다. 친척도 많지 않은 환경에 서울 어디에도 이력서를 제출할 만한 학교가 없었다.

어느 날 아침 식사하는 중에 어머니는 친구의 딸이 남영동에 있는 S여자고등학교의 선생님이라고 무심히 말씀하셨다. 그 순간 그 말이 구원으로 다가왔다. 바로 S여학교에 가서 그 선생님을 뵙고 교장선생님께 소개만 해달라고 부탁했다. 대학교 3학년 가을이었다. 그때부터 매주 목요일이면 미장원에서 머리를 만지고 단정한 옷차림으로 교장선생님을 찾아가서 아무 말도 없이 인사만 하고 돌아왔다. 1년 동안 목요일이면 한 번도 빠지지 않고 정성을 기울였다.

드디어 교장선생님은 내가 원했던 국어과 야간교사로 채용하겠다고 말씀하셨다. 그날이 11월 셋째 목요일이었다. 날아갈 듯이 기뻤다. 세상을 얻은 기분이었다. 취직된 기쁨에 힘을 얻어 대학원 석사과정도 진학을 했다. 낮에는 대학원에서 공부를 하고, 밤에는 학생들을 가르치기 위하여, 미리 가르칠 과목을 세심한 계획으로 준비했다. 4년 동안 가정교사 생활의 경험을 믿고, 내용에 충실하면 문제될 것이 없다고 생각했다. 특히 첫 수업에 성공해야한다는 강박관념에 성심을 다하여 그 내용에 알맞은 예문도 골라 두었다.

드디어 첫 수업하는 날이 왔다. 출석부를 들고 고등학교 1학년 선(善)반이 있는 2층으로 올라가는 계단에서 갑자기 두근거렸다. 출석부로 가슴을 누르고 교실에 들어서자, 웅성거리던 학생들이 제자리를 찾아 앉았다. 차렷! 경례! 하는 반장의 구호가 수업을 시작하라는 명령으로 들렸다. 우선 출석을 확인하기 위해 한 사람 한 사람을 호명하는데 출석부의 이름이 희미해졌다 밝아졌다 했다.

가르쳐야할 내용을 가득히 메모한 책을 펼쳤다. 45분간을 위해 정성껏 마련한 내용에 의지하며 첫 수업을 멋지게 하고 싶었다. 우선 전체적인 내용을 요약하고 한 구절씩 의미를 해설하면서 전체적인 줄거리와 연결해 나갔다. 책만을 보며 설명하다가 학생들의 반응을 보려고 머리를 얼핏 들었다. 학생들의 얼굴은 희미하고, 뒤에 있는 하얀 벽이 영화화면처럼 클로즈업 되어 앞으로 다가왔다. 그 순간부터 정신이 혼미해지면서 하얀 벽만 보이고, 교과서의 내용은 써놓은 것조차 눈에 들어오지 않고 떨렸다. 나는 이 떨림을 진정하려고 책에서 눈을 떼지 않고 해석을 해나갔다. 준비했던 예문은 까맣게 잊어버리고, 얼마나 본문에만 정신을 쏟았는지 한 시간 이상 강의할 분량을 다했는데도 종이 울리지 않았다. 45분이라는 시간이 왜 그렇게 긴지 언뜻 시계를 보니 아직도 10분이 남아 있었다.

그 10분을 어떻게 보내야 할지 막막했다. 일찍 끝낼 수도 없어서 앞부분을 다시 반복하는데 기다리던 종이 울렸다. 나는 속박에서 풀린 것 같았다. 가정교사로 훈련했기 때문에 이렇게 떨리고 당황하리라고는 전혀 예상하지 못했다. 교실을 나오면서 어떻게 떨림을 진정시키고 수업을 재미있게 진행할 수 있는 방법은 없을까. 선배 선생님들에게 경험을 묻고 싶었지만, 어디에도 도움을 청할 곳은 없었다. 무조건 선배 교사들에게 굽실거리며 겸손한 태도로 가까워지려고 노력했지만, 그들은 새로 들어온 교사들에게 쌀쌀했다. 머리부터 발끝까지 훑어보는 그들의 눈빛이 차갑게 느껴졌다.

신학기 3월은 추웠다. 수업을 하고 교무실로 들어오면 자연히 난로로 가까이 가서 불을 쬐었다. 몸을 조금 녹인 후 난로에서 물러나는 신입교사를 보며 "우리는 신입교사 때 불을 쬐지도 못했는데 요즘 신입교사들은 건방지다"고 수군거리는 말에 나는 점점 기가 죽었다. 묻고 싶은 것이 있어도 말할 용기가 나지 않았다.

어떻게 가르치는 것이 효과적인지 의논할 수 없을 정도로 교사들끼리의 경쟁은 치열했다. 가정교사 시절에 수학을 가르칠 때는 그렇게 어렵지 않았었는데, 대학에서 배운 것을 토대로 국어를 가르친다는 것은 너무 힘들었다. 소망했던 국어교사로서의 첫 수업은 긴장으로 두렵고 떨림으로 끝났다. 국어 수업은 '귀에 걸면 귀걸이, 코에 걸면 코걸이'인 것처럼 뚜렷한 기준이 세워지지 않았다. 여러 가지 참고서적을 읽으며 준비를 했지만 우리말을 우리말로 가르친다는 것이 까다로웠다. 차라리 외국어를 가르치는 것이 훨씬 좋겠다는 생각이 문득 문득 떠오르곤 했다.

가끔 약속에서 시간이 남을 때면, 남은 시간 10분 때문에 당황했던 첫 수업이 떠오른다. 같은 시간인데도 초조하게 종이 울리기를 간절히 기다렸던 긴 시간이었다. 그런 10분을 지금은 무심하게 흘러버린다. 하지만 젊은 날 치열하게 긴장하고 살았기에 여유롭게 보낼 수 있지 않은가. 소원했던 내 인생길의 첫 수업을 생각하면 웃음이 나온다. 그래도 그때가 그립다.

사막이 그립다

내년 칠순을 앞두고 칠순기념여행지를 결정하자는 의견이 분분했다. 스페인, 터키. 크루아티아, 팔로우 등… 우리는 앉은 자리에서 이곳저곳을 찾아 지구를 몇 바퀴 돌고 또 돌았다. 그래도 가고 싶은 곳이 없어 가만히 있는 내게 친구들은 말하라고 다그쳤다.

실크로드 여행에서 사막을 본 후로는 어디에도 가고 싶은 곳이 없어서 나도 의아할 정도였다. 그 이유를 밝히라는 친구들의 성화에 할 수 없이 "사막을 보고나니 어디에도 가고 싶지 않아." 라고 대답했다. 친구들은 의외의 대답에 놀라는 표정이었다. 18년 동안 화요일이면 청계산에 오르며, 일 년에 두 번은 국내나 해외로 여행을 함께 했던 친구들이라 아무 말도 하지 않았다.

많은 관광지가 유혹하는 데도 내 마음은 시들했다. 오히려

TV 화면에 사막이 나오거나 사막을 찍은 사진만 보아도 가슴이 설렌다. 망망한 사막, 모래와 하늘이 맞닿은 지평선, 바람이 만든 사막의 무늬, 아무것도 내 앞을 막지 않는 탁 트인 모래밭이 그냥 좋았다. 설산을 배경으로 하고 있는 사막은 더욱 매력을 뿜었다.

물과 풀을 찾아 여기저기로 이동하며 살아가는 유목민들도 사막을 좋아해서 떠나지 않는 것일까. 두 시간 반이면 짓는 천막집 '빠오(겔)'에서 가족 모두가 함께 지낸다. 천막은 단지 바람과 햇빛, 밤의 한기를 피하기 위한 것일 뿐, 칸막이가 없는 한 공간에서 생활하며 내일을 걱정하지 않는다. 그들은 짐승이건 사람이건 생명을 우선으로 하고, 빈부귀천이나 인종 종교도 가리지 않는다.

문명의 혜택을 받은 사람들은 끝없는 사막 앞에서는 아무것도 할 수 없는 무능한 사람들이다. 그들은 스스로 방에 갇히기를 원하며, 좁은 경계에 자신을 몰아넣고는 외롭고 권태롭다고 아우성을 친다. 죽을 때 가지고 가지 못하는 부(富)를 쌓기 위하여 즐겁지 않은 일을 한다. 더 나아가서 노년을 위하여 젊어서부터 고민하고 싫은 일을 억지로 한다.

천년 전이나 지금이나 사막은 변하지 않은 자연이다. 바람만이 모래에 무늬를 빚을 뿐이다. 그런 사막에 사는 유목민들은 문명인처럼 매일 씻지 않는다. 모래와 바람이 끊임없이 몸과 영혼을 씻어주기 때문이다. 바람과 별을 친구로 여기며 사는 사람들, 때로는 오아시스를 만나는 행운을 신의 축복으로 받아들이고 그 순간을 기뻐한다.

어느 날 노자의 『도덕경』을 읽다가 사막을 좋아했던 이유를 깨달았다. 사막에는 시간도 공간도 없이 언제나 같은 모습으로 나타나는 데서 오는 편안함과 소박한 자연을 그대로 간직하고 있기 때문이었다. 사막에 남겨져 있는 흔적도 저절로 생긴 것이기 때문이었다. 자신의 흔적을 남기려고 큰 무덤, 큰 비석을 세운 문명인들처럼 욕망을 품지 않았다. 실크로드에서 만난 흔적조차도 자신의 이름을 남기고저 한 것이 아니었다.

실크로드 여행에서 가장 어려운 일정은 한반도의 1.5배나 되는 타클라마칸 사막을 통과하는 것이었다. 가이드는 그 사막의 북쪽 룬다이(輪台)에서 남쪽 민펑(民豊)으로 가는 길로 가는데, 그 길은 1993년부터 1995년까지 사막의 한 가운데를 곧게 뚫었다고 했다. 그 길로 종단하는 일은 사방이 온통 모래로 덮인 곳을 지나가는 것이었다. 나는 관광객을 유치하기 위해 만든 길이라고 짐작했었다. 하지만 가이드는 사막 한가운데 매장된 석유와 가스를 개발할 목적으로 만든 아스팔트길이라고 했다. 곧게 뻗은 길은 구부러진 길보다 더 열정적으로 이끌었고, 빤히 보이는 지평선은 우리를 단순하게 집중시켰다. 길 양쪽에 있는 광활한 사막은 똑 같은 무늬로 감탄시켰다. 눈만 뜨면 앞을 가로 막던 고층아파트와 산이 없어서 평안했다. 지평선과 사막의 무한한 단조로움이 문명에 길들어진 마음을 단순하게 만들었다. 그 단조로움 때문에 사막이 좋았다.

길 양쪽에 있는 모래 언덕의 무늬에 반하여 운전사에게 자동차를 잠깐 멈추어 달라고 부탁했다. 바람이 빚은 사막의 무늬가 우리를 황홀경으로 이끌었다. 그 무늬를 밟아보고 싶었다. 바람에 다져진 무늬는 우리들에게 발자국도 허용하지 않았다. 그것은 오랜 세월 다져진 무늬였기 때문이었다. 무늬를 만든 바람의 소리는 들리지 않았고, 고요함으로 적막했다. 사막아! 너무 아름답구나! 뜨거운 태양 아래 누가 너를 이렇게 아름답게 빚었니? 바람이겠지 오직 너를 움직이는 것은 바람뿐인 것을…. 사막이 아름다운 이유는 자연을 그대로 간직하고 있기 때문이었다. 사람의 힘으로는 변화시킬 수 없기 때문이다. 사람의 손을 필요로 하지 않기에 경쟁을 부르지 않고, 경쟁이 없음에 마음이 편했다. 문명세계에서 받는 편리함은 많은 노동력에서 얻은 것이었고, 그것은 욕망을 끝없이 부추겼다.

산은 나무가 살아야하는 밑바탕이 되지만, 광대한 사막 앞에서 그 산은 나를 구속하는 존재가 되었다. 어떤 문명의 힘으로도 움직이지 못하는 사막이 그리움을 일으킨다. 그 그리움이 마음을 잔잔하게 한다.

남아프리카에 사는 투아레그족은 "사막은 무(無), 침묵, 영혼의 깊이를 배울 수 있는 좋은 스승이다. 사막에서라면 사람들은 누구든 자신의 영혼을 들여다 볼 수 있을 것이다. 그래서 사막은 위대한 스승"이라고 말했다.

광대한 사막과 끝없이 이어진 지평선, 그 無의 공간에서 우러나는 고요가 평안으로 이끌었다. 문명은 오직 고립으로 이끌어 가고 있을 뿐이다.

화이트마운틴에서 본 노부부

고층빌딩들이 빽빽하게 들어선 도시 뉴욕을 떠나 작은 도시로 가는 길에 들어섰다. 지방도로로 가는 길가에나 일부러 찾은 대학교의 정원에는 오랜 세월을 알리는 큰 나무들이 늠름하게 서 있었다. 200년의 역사를 가진 이곳에 나무들이 이렇게 큰 것을 보면, 미국이 나라를 세우기 전부터 살았던 것 같다.

뉴욕을 옆으로 지나 북쪽으로 가는 길에서 본 풍경은 곱게 물든 단풍과 가지런히 깎은 파란 잔디가 환상적으로 어울려 멈추고 싶은 충동을 일으킨다. 그 잔디 위에 서 있는 두서너 그루의 나무가 조용한 분위기를 연출했다. 그 나무 밑에 앉고 싶은 유혹을 떨쳤더니, 끝없이 이어지는 큰 나무들과 평평한 들판이 마음을 시원하게 진정시킨다.

숲 속에 드문드문 박혀있는 집들은 별장을 연상시키고 그 별장들을 끼고 계속 달리는데, 느닷없이 자동차가 흔들려서 자동차에 이상이 있는지를 살피며 속도를 늦추었다. 자동차의 계기판은 정상이었다. 도로를 유심히 관찰했더니, 정해진 선 밖에는 도로가 우툴두툴했다. 옆으로 탈선하지 말라는 신호였고, 동시에 졸음운전도 막기 위한 시설이었다.

어디를 가도 높은 빌딩은 보이지 않고, 햇빛에 황금처럼 빛나는 노란 단풍이 눈길을 끌었다. 화이트마운틴(White Mountain)으로 가는 데, 그 산을 포함한 국립수목원(National Forest)은 온통 숲으로 덮인 곳으로 끝이 보이지 않았다. 한국으로 말하면 조그만 도시에 해당할 만큼 넓었다. 녹색지대로 이어지는 이 지역은 도로만 빼고는 크고 작은 나무들과 풀들로 꽉 차 있었다. 숲속의 길을 한없이 달리다가 쉼터(Rest Area)라는 안내판에 멈추었다. 이 곳은 사방 푸른 숲인데 몇몇 개의 의자가 마련되어 있고, 한쪽에는 고기를 구워 먹을 수 있는 시설도 있었다. 그 시설과 주위는 잘 정돈되었고, 어느 구석에도 휴지조각 하나 없이 깨끗했다.

집들과 나무들이 아기자기하게 어울리는 시골마을은 어디를 가도 깨끗하고 촌티가 나지 않는 소박한 모습이다. 어떻게 2백년 동안에 도시보다 더 깨끗한 길과 동네를 이루었는지 감탄이 절로 나왔다.

간판 하나도 보이지 않는 길을 가다가 해가 저물어 숙소가 있을 만한 조그만 도시로 들어섰다. 그곳에서 식당을 찾았으나 먹을 만한 식당이 없어서 큰 마트에서 샌드위치와 컵라면을 사가지고 와서 숙소에서 먹었다. 오랜 시간 달리면서 배가 고파도 식당이나 햄버거집 또는 피자집을 만나지 못하면 굶어야한다. 조그만 우리나라는 어디에나 먹을 것이 있다는 생각이 떠올랐다.

가는 길에 주차할 수 있는 곳에 차를 멈추고 주위를 살핀다. 그 옆에 아늑한 숲속의 길이 들어오라고 유혹한다. 우리는 30분만 걷자며 들어갔다. 노란빛 붉은빛 단풍이 그림처럼 조화를 이루고, 뒤틀려 툭 불거진 나무의 뿌리가 계단의 역할을 했다. 낮은 풀들도 아래서 밝은 빛으로 웃는다. 야생사과가 많이 떨어져 있어서 주워서 먹었다. 약간 시지만 싱싱한 사과였다. 아무도 없는 산속에서 홀로 맺은 열매를 보는 사람도 거두어가는 사람도 없는 한적한 산속은 우리들의 발걸음 소리만 울렸다.

어디부터 화이트마운틴인지도 모르면서 높아지는 길을 따라 오른다. 구불구불 오르다가 저 멀리 정자가 보여 차를 세웠다. 그곳에는 머릿결이 하얀 노부부가 있었다. 마침 할머니는 담배를 피우는데 옆에 있는 할아버지가 동그란 유리병으로 담뱃재를 받고 있는 모습이 눈에 들어 왔다. 아무도 없는 산 속에서 담뱃재를 유리병 속에 받는 노부부의 모습에 멍했다. 그 모습이 여행하는 동안 의구심을 불러일으켰던 문제의 해답을 주었다. 농촌 어디에도 깨끗했던 것은 바로 노부부에게서 본 미국 국민의 도덕성이요, 시민의식이라는 사실이었다. 서울의 거리는 다소 깨끗해졌지만, 조금만 벗어나도 쓰레기가 여기저기 널려 있는 우리나라, 더 심한 곳은 중국이었다. 아무 때나 길거리에 침을 뱉고, 담배꽁초를 버리고, 씨를 까먹고 뱉는 해바라기 껍질로 거리는 더러웠다.

넓은 국토를 깨끗하게 보전하는 미국 국민에 존경이 절로 우러났다. 신호등이 없는 거리에서는 자연스럽게 먼저 온 사람에게 양보하는 교통질서, 횡단하려는 사람에게는 먼저 건너라고 멈추는 자동차들, 낯선 곳에서 먼저 미소로 반기는 사람들, 모든 일들이 기분 좋게 진행되는 사회였다.

해변이나 협곡 또는 폭포나 공원 어디에서도 휴지 조각 하나를 발견하지 못함은 나만의 경험일까. 어디를 가도 마음이 편안하고 즐거웠던 것은 우선 주위가 깨끗한 환경이었다. 얼굴을 찌푸리게 할 일이 없었다. 눈에 보이는 건축 특히 아파트에 열광하는 우리들, 그 때문에 마음을 편안하게 하는 환경에는 등한시했던 일들이 떠올랐다. 자연스럽게 오랜 세월을 살아온 나무들과 그 주위를 깨끗하게 보전하려는 세심한 마음이 거대한 국토를 아름다운 나라로 살리고 있다.

유리병에 담뱃재를 담고 있던 노부부의 모습이 머리에서 지워지지 않는다. 그것이 미국의 국민성이요, 세계에서 가장 부러움의 대상이 되는 국가가 된 것이라고 확신했다. 앞으로 경제적으로 미국을 능가할 나라가 생긴다 하더라도 노부부가 가지고 있는 시민의식까지는 따라가지 못할 것이다.

잊혀진 말

며칠 전부터 세상이 어지럽고 어수선하다. TV와 신문을 통해 대통령 탄핵에 관한 뉴스는 단순한 보도를 넘어 불안감을 준다.

대통령 탄핵을 표결하던 날, 나는 선배와 후배가 1년에 두 번 만나는 모임에 가고 있었다. 분당에서 안국동까지 전철로 가는 동안 책을 읽는 재미에 빠져 탄핵을 거의 잊었다. 약속시간 12시에 겨우 닿으니, 사람들은 벌써 와서 얼굴에 웃음을 가득 안은 채 즐겁게 이야기를 나누고 있다.

화기애애하던 분위기가 휴대전화의 울림에 조용해졌다. 이야기의 흥미를 중단시킨 것이 미안했던지 선배는 대통령 탄핵이 가결되었다는 휴대전화의 내용을 조심스럽게 알려 주었다. 탄핵이라는 말에 우리 모두는 처음 경험하는 놀라움과 두려움으로 착잡한 심경이 되었다.

그동안 나는 사는 일에 바빠서 정치에 대해서 무관심하게 살았다. 잃어버린 나라의 독립을 위해 목숨을 바친 사람들, 독재에 항거해서 4·19묘지나 광주 망월동 묘역에 묻힌 사람들에게 미안했다. 정의를 위해 죽은 자 덕분에 오늘날 자유를 누린다는 사실에 내심 부끄러웠다. 하지만 세상사람 모두가 정치에 가담하지 않아도 되는 사회가 좋은 사회라고 자신을 달래며, 자신의 일에 충실하고 법을 잘 지키는 것이 국민의 도리라고 생각했다.

그러나 요즈음 대통령 탄핵이라는 사실이 세상을 온통 진흙구덩이로 몰아서 무심하게 지날 수가 없게 한다. 문제의 진상을 파악하기 위해서 우선 나는 바로 전날 있었던 대통령의 담화에 열심히 귀를 기울였다. 보통 때보다 낮은 소리로 말하는 대통령은 17대 국회의원 선거결과로 국민신임을 연계시키겠다는 것과 친인척이 잘못했음에도 불구하고 그들을 신뢰하겠다는 발언에 묘한 분노가 일어났다.

탄핵을 가결로 처리한 야당의 판단이 옳은지, 이를 저지하는 여당의 뜻이 옳은지 정확하게 판단할 수가 없다. 감정적 대결로 치닫기만 하는 지금, 탄핵을 화제로 올리는 것조차 조심스럽다. 다만 헌법재판소가 엄정하게 판결하기를 기대하고 싶을 따름이다. 평생 법을 연구하고 집행하였던 재판관들의 판결을 존중하고 받아들여야 하는 절차를 기다리는 것도 민주주의 시민의 자세가 아닐까.

그럼에도 불구하고 이러한 절차를 무시하고 촛불시위라는 방법을 동원해서 사람들을 불러내어 탄핵 무효를 외치고 있다. 그 부름에 동조하는 사람들은 개 한 마리가 짖으면, 그 동네에 있는 모든 개들이 따라 짖는 행위를 연상시킨다. 어렸을 때 어른들의 이야기에서 '그 사람은 법 없어도 살 사람이야'라는 말을 자주 들었다. 큰소리를 내지 않고도 잘 사는 사람, 즉 '법 없어도 사는 사람'이 많았다. 언제인가부터 그 말이 잊혀졌다. 그만큼 우리 사회가 이기적인 방향으로 변했다.

얼마 전 외삼촌이 92세로 불안한 세상을 등지고 떠나셨다. 천안 공원묘역에 외삼촌을 안치하고 서울로 돌아오면서 외삼촌의 삶을 더듬었다. 평생 동안 밖에서나 가정에서나 큰소리 없이 사신 분이었다. 6·25전쟁으로 파괴된 집을 다시 지어 평생 사시다가 돌아 가셨다. 해마다 부동산투기로 나라가 떠들썩해도 외삼촌은 언제나 그 자리에 계셨다. 몇 년 전 그 동네에 도시가스가 들어와서, 난방과 취사를 도시가스로 전환하는 공사를 했다. 그때에 방을 조금 크게 넓히고자 했지만, 조금도 변경하지 말라는 동사무소 직원의 말에 순종한 분이었다. 50년이 넘도록 두 분이 누우면 가득 차는 좁은 방에서 외삼촌과 외숙모는 조금도 불평하지 않고 사셨다. 의자 하나를 들여놓지 못할 만큼 비좁은 방에서 지내시게 해서 마음이 아프다는 며느리 말이 외삼촌의 삶을 또 한 번 생각하게 했다.

외삼촌처럼 조용하게 살면서 법을 어기지 않는 사람으로 가득하면 지금처럼 세상은 불안하지 않을 것 같다. 자신의 주장을 펼치기 위해 필사적으로 악을 쓰는 사람들, 죽기 아니면 살기로 선동하는 사람들을 보며, 나는 '법 없어도 살 사람'을 꿈꾼다.

대학 시절에 읽은 소설에서 스스로 자원해서 전쟁에 참가한 어린 소년이 총탄이 퍼붓는 전쟁터에서 고향의 교회를 그리워하던 장면이 떠올랐다. 현실이 절박할수록 평화를 그리워하는 것은 인간의 본능인 것 같다. 이것을 로맨티스트의 헛된 생각이라고 말할 수 있을까.

차라리 봉건주의 시대가 더 낫지 않을까 하는 생각이 문득 일어난다. 비가 오지 않으면 임금님들은 밤낮으로 걱정을 했다. 자신보다는 백성을 염려하고, 백성들을 위해 도에서 벗어나지 않는 생활을 하려고 절제했던 왕이 그립다.

마음대로 행해도 법에 저촉되지 않는 사람, 세상에 법이 없어도 살 사람으로 가득차면 좋겠다. 그런 사람들과 더불어 살면 다툼이 없고, 다툼이 없이 서로 믿고 의지하는 사회를 소망한다.

젊은이들은 촛불시위로 법 앞에 힘을 과시하고 있다. 큰소리로 사회의 질서를 바꾸겠다고 한다. 그들은 법 없어도 살 수 있다는 것조차 알지 못하는 것 같다. 노년의 생각을 무조건 기득권으로 몰아붙이고 개혁이라는 슬로건으로 미화하고 있다. 설사 그들의 뜻대로 탄핵이 철회되면 그동안의 분노와 부패를 말끔히 지우고, 선하고 의로운 도가 우선하는 사회로 변화될 수 있을까.

우물에서 숭늉을 찾듯이 급하게 개혁하는 것만이 나라를 위한 것인가. 이제는 법의 심판을 기다려야 한다. 개혁을 외치기보다는 먼저 잊혀진 말 '법 없어도 살 사람'이 되어야 한다. 그렇게 되지 못하면 최소한도 법을 지키는 사람이라도 되어 촛불시위 없이 살아야 한다.

3.

억새꽃 바람

민둥산의 억새꽃

민둥산에 가는 버스에 올랐다. 그곳으로 가는 동안 억새풀인지 억새꽃인지 궁금했다. 마침 길가에 걸려있는 현수막에 '제9회 억새꽃 잔치'라고 쓰인 것을 보는 순간, 숙제가 풀려 마음이 편안해졌다.

버스가 증산마을에 멈추자, 안내자는 곧바로 산으로 향했다. 한숨을 돌릴 사이도 없이 바삐 쫓아가다 보니 숨이 찼다. 그동안 비가 오지 않아 산길은 메말라 먼지를 일으키고, 먼지가 가라앉기를 기다릴 여유도 없이 따라가야 하는 마음은 초조했다. 심한 경사에 헐떡거리며 앞사람을 계속 쫓아 올라갔다. 정상 4km라는 이정표가 아득하게 느껴졌다.

무조건 위로만 향하는 길에 억새꽃이 하나, 둘 나타나기 시작했다. 민둥산이 가까워지고 있다는 예감에 피로했던 정신이 맑아지는 것 같다. 억새꽃들은 점점 무리를 이루고, 그 무리들이 바람에 나부끼며 우리를 반겼다.

억새꽃들의 하늘거림에 이끌려 정신없이 걸었다. 한참 걷다가 보니 억새꽃이 파란 하늘에 닿았다. 정말로 한 폭의 그림이었다. 파란 하늘에 닿은 은빛 억새꽃을 잡으려고 바삐 따라가다가 잠시 멈추자 하늘 문이 스르르 열리는 것 같다. 정상이라고 생각했던 그곳은 양쪽에 억새꽃으로 무성한 밭을 이루고, 가운데만 뻥 뚫린 길이 마치 하늘로 가는 문 같았다. 하늘 문에 이르렀을 때 또 다시 전개되는 억새꽃이 산 전체를 덮고 있는, 둥근 모습의 산이 드러났다. 나무가 없어 민둥산이라는 이름처럼, 둥근 모양의 산에는 푸른 나무 한 그루 없이 온통 억새꽃이다. 정상까지 가는 길은 곧게 뻗은 좁은 길이었다. 그 길로 걸어가다가 뒤를 돌아보면, 너울거리는 은빛물결이 발걸음을 잡는다. 가끔 해가 구름 사이로 머리를 내밀면, 억새꽃은 반짝반짝 빛을 발하고, 바람이 불면 살랑살랑 몸을 흔든다.

산꼭대기에 다가갈수록 더 많은 억새꽃들이 은빛의 무늬를 이루며 춤춘다. 앞에서 홀로 혹은 몇 포기로 서 있던 억새꽃들은 이처럼 아름답지 않았다. 같은 키로 서서 산 전체를 덮고 있는 억새꽃들은 우리들에게 끝없는 평화를 주었다. 다른 나무들이 들어 설 자리가 전혀 없었다. 오직 자기들만 함께 살자고 뭉친 터전 같았다.

우리들보다 키가 더 큰 억새는 가느다란 줄기 끝에만 은빛의 털을 달고 있는 식물이라 겉으로 보기에 연약하게 보였다. 홀로 있으면 세찬 바람에 쓰러질 것 같은데, 자기들만의 동아리 안에 빽빽하게 서 있는 억새들은 거대한 풍경으로 풍만한 아름다움을 주었다.

함께 있음으로 탐스럽게 보이는 억새꽃들을 보는 순간, 한 마을에서 오래 같이 살던 몇 십 년 전의 생활이 그리움으로 떠올랐다. 높고 낮음이 없이 고르게 더불어 살던 그때는 행복했다. 생일이나 제삿날이면 음식을 나누어 먹으며 같이 웃고, 억새꽃들처럼 서로 의지하며 한 곳에 살았다.

이렇듯 민둥산에서 평안을 느끼는 것은 위로 치솟기만 하는 고층아파트에서 비롯된 불안감 때문인 것 같다. 낮은 주택을 배경으로 우뚝 서 있는 고층아파트 자체가 많은 사람들에게 불안을 준다. 그 안에 사는 사람들조차 낮은 곳에서 사는 사람들과 어울리려 하지 않기에 우리는 서로 다른 세상에 살고 있는 것 같다. 억새꽃에서 평화를 느끼는 것은 같은 높이로 바람에 함께 흔들리기 때문이다. 나도 저 억새꽃들처럼 서로 껴안고 비비며 살아가고 싶다.

TV와 인터넷으로 점점 외톨이가 되어 가는 세상 때문일까. 혹은 나이가 들어 약해진 탓일까. 옛날처럼 동네 사람들과 스스럼없이 이야기도 하고, 때로는 큰 그릇에 밥을 비벼 먹으며 즐거워할 수 있는 사람이 점점 그리워진다. 은빛 물결 일렁이는 억새꽃 들판에서 그립던 사람을 만난 듯 먼 거리에서 달려온 피로도 잊어버린다. 먼저 피려고 다투지 않고, 가을에 함께 핀 억새꽃들은 평등한 아름다움을 보여 준다. 우리의 삶도, 억새꽃처럼 서로 맞추어 가며 어울리는 세상으로 향하면 얼마나 좋을까.

슬쩍 지나가는 바람에는 손을 흔들고, 세찬 바람에는 서로를 꽉 잡고 쓰러지지 않으려고 애쓰는 억새꽃들, 어떤 고난에도 함께 있으므로 행복한 그들이 부럽다.

전락(轉落)

우리가 대학에 첫발을 디뎠던 1960년대는 사르트르와 카뮈의 문학작품이 젊은이들에게 크게 영향을 주던 시대였다. 나도 그 영향에 이끌려 이 작품 저 작품을 손에 닿는 대로 읽었다. 그렇지만 그 영향력만큼 마음에 감동을 준 작품은 별로 없었다. 그것은 그들의 작품 내용이 어렵고 작중인물들의 언어나 행위가 낯설고 생소하게 느껴졌기 때문이다. 그럼에도 불구하고 문학을 전공하겠다는 욕심으로 무조건 문제의 작품들을 읽어 나갔다. 이처럼 의무적으로 작품을 읽다보니 주인공 클라망스라는 청년이 나에게 이정표처럼 다가왔고 그를 통하여 카뮈의 「전락」이 내 마음에 자리잡게 되었다.

「전락(La Chute)」은 처음부터 끝까지 클라망스의 독백으로 이루어진 작품으로, 멕시코시티라는 술집에서 만난 사람에게 털어

놓은 5일간의 이야기를 표면적으로 내세우고 있다. 내면적으로는 "이 곳에 오기 전에 나는 변호사였답니다. 그런데 지금은 판사 겸 속죄자지요"라고 자신의 신분변화를 밝히는 클라망스가 속죄자 판사로 변화된 사건을 다음과 같은 독백으로 보여주고 있다.

어느 가을날 저녁 세느 강변을 따라 걷다가 퐁데자르 다리에 올라가서 강물을 바라보고 있었다. 그때 등 뒤에서 웃음소리가 들려왔다. 휙 뒤로 돌아서서 살폈으나 거룻배 하나 보트 하나 없었다. 섬 쪽으로 돌아서는데 또 다시 웃음소리가 강을 따라 내려가듯 멀리서 들려왔다. 며칠 동안 그 웃음소리에 대해서 생각했다. 또 다른 어느 날 난간에 허리를 굽히고 강물을 굽어보고 있는 듯한 어떤 형체의 뒤를 지나가게 되었다. 자신의 집을 향한 강변길로 들어서는데 무엇인가 물에 첨벙 떨어지는 소리가 났다. 그때 나는 그 자리에 우뚝 서 버리기는 하였지만 뒤돌아보지 않았다. 거의 동시에 되풀이되는 비명이 들려오다가 강물을 따라 흘러 가버렸다. 그때의 심정을 이렇게 말한다.

"달려가고 싶으면서도 나는 몸을 움직일 수가 없었어요. 추위와 전율로 떨고 있었던 것 같아요."

클라망스는 이 사건으로 속죄자 판사로 전락한다. 물에 풍덩 빠지는 여인을 구하지 못했다는 죄의식이 클라망스로 하여금 독신으로 속죄자 판사의 길로 들어서게 한 것이다.

단지 클라망스가 적극적으로 행동하지 못한 것은 이웃에 대한 무관심 때문이며, 그 무관심이 그녀의 생명을 잃게 한 원인이라고 생각하였다. 이처럼 작가는 무관심을 도덕적인 문제로 제기한 것이다. 이를 뒷받침이라도 하듯 끝없이 흘러나오는 클라망스의 독백형식은 옛이야기처럼 편안하게 읽을 수 없다. 한 문장 한 문장을 상상력까지 동원하면서 꼼꼼하게 읽어야 겨우 클라망스의 모범적인 심정에 다다를 수 있다.

너무나 편안함과 즐거움 쪽에만 익숙해진 우리에게 다시 만난 클라망스의 독백은 30여 년 전보다 더욱 선명하게 들리며 이정표로서 우뚝 서 있다. 그만큼 카뮈는 오늘의 시대를 앞서서 조명한 선구자로서 클라망스를 통하여 살인이나 도둑질처럼 직접적으로 행한 것만이 죄가 아니라 자신이 속한 사회에서 일어나는 모든 일에 대하여 공동적인 책임을 감당해야함을 제시하였다.

그동안 과학문명의 엄청난 발달로 생활이 편리해진 반면에 인간의 심성은 더욱 개인주의로 치닫고 있다.

이로 말미암아 이웃에 대한 무관심은 극도로 번져서 오히려 이웃과의 단절이라는 방향으로 흐르고 있다. 이러한 환경 속에서 따뜻한 눈빛으로 이웃과 정을 나누고 고통을 함께 책임지면서 살아가는 사회가 그립다. 그리움이 사무칠수록 클라망스의 도덕적인 삶이 사막의 오아시스만큼이라도 싹트기를 기대해 본다.

인디애나대학 도서관에서

날씨가 몹시 춥습니다. 자동차가 다니는 길을 제외하고 하얀 눈이 온 세상을 덮었습니다. 마지막 학기를 앞두고 꼭 한 번 오라는 아들 내외의 간청에 왔지만, 아들은 이미 새 학기를 시작했습니다. 남편과 나는 이곳의 지리를 잘 알지 못하고 언어도 통하지 않아서, 아들을 따라 인디애나대학으로 갔습니다. 아들이 강의를 듣고 토론하는 동안, 우리는 동아시아권의 도서들이 진열되어 있는 도서관 8층으로 갔습니다.

도서관에 들어가는데 어느 누구도 제재하지 않을 뿐만 아니라 쳐다보는 사람조차 없어서 무엇인지 모르게 이상한 느낌이 들었습니다. 사방을 두리번거리며 둘러보아도 도서관에는 아무도 없고 책만 가득했습니다.

넓고 깨끗한 도서관에는 창가와 서가의 중간에 책상이 있습니다. 밝은 햇빛이 들어오고 푸른 하늘이 보이는 창에 가까운 곳에 앉았습니다. 앉아만 있어도 마음이 평온해집니다. 남의 나라라는 것도 잠시 잊었습니다.

정신을 가다듬고 책을 훑어보기 시작했습니다. 이름이 익숙하지 않은 나라들의 책은 무심히 지나쳤습니다. 일본과 중국의 책이 나타나자 긴장이 되었습니다. 드디어 한국 책이 보이는 순간 귀중한 것을 발견한 듯 기쁨이 일었습니다. 예상했던 것보다 책이 많이 있었고, 무엇보다 임화의 시집 『현해탄』을 비롯하여 자유롭게 접할 수 없었던 북한 작가들의 책이 가슴을 뛰게 했습니다. 그 가운데 백석의 시집 「사슴」을 보는 순간, 보물을 얻은 것 같았습니다.

얼마 전 TV에서 백석을 평생 그리워하며 살다가 큰 재산(대원각-지금의 길상사)을 사회에 환원한 여인 '김자야'를 보았습니다. 김자야는 일찍 부친을 여의고, 금광을 한다는 친척에 속아 가산이 탕진되자, 1932년에 조선 권번에 들어가 기생이 되었답니다. 1935년 조선어학회 회원이었던 해관 신윤국 선생의 후원으로 일본에서 공부하던 중, 신윤국 선생이 함경남도 홍원형무소에 수감되었다는 소식을 들었습니다. 그를 면회하기 위해 김자야는 귀국하여 함흥에 잠시 머물렀습니다. 이 때 함흥 영생고보의 영어교사였던 시인 백석을 만나 사랑이 싹텄다고 합니다. 비록 기생신분으로 살았지만, 백석에 대한 사랑은 일편단심이었습니다.

「사슴」을 읽으니 백석은 정말로 순수한 서정시인이었습니다. 그런 그가 왜 북한에 남았을까. 아마 고향 정주가 식민지 시대 만주에서 방랑하던 그를 이끌었으리라 생각됩니다. 그 후에는 남북분단이 그를 영원히 그곳에 머물게 했을 것입니다. 그래도 그는 북한 체제를 찬양하는 시를 쓰지 못했습니다. 오직 쓸 수 있는 것은 서정시뿐이었습니다. 그런 서정시가 북한체제에서 환영받을 수 있었겠습니까. 숙청의 대상이 되었겠지요.

황석영의 북한 방문기 「사람이 살고 있었네」를 손에 쥐자 또다시 흥분되었습니다. 서문에서 "왜곡과 편견으로 가득한 민족의 반쪽을 작가적 사랑으로 온몸 가득 끌어안기 위해 북을 찾아 나섰고, 그 대가로 지금 투옥되어 있는 것입니다."라는 대목에 이르러 분단조국의 아픔을 몸소 체험하는 작가의 열정에 감탄했습니다.

책상 위에 있는 책들의 출판사와 출판 연도를 살폈습니다. 당연히 북한에서 출판된 책이라고 생각했었는데 「사슴」은 1987년 남한에서 '기민 근대시선'으로 발간한 것이었고, 「사람이 살고 있었네」는 1993년 '시와 사회사'에서 발행한 것이라는 사실에 나는 황당하기도 하고 수치스럽기도 했습니다. 왜 우리나라에서 보지 못하고 이곳에서 보게 되었는지….

자유로운 곳에 오니 실상이 보였나 봅니다. 그럴수록 백석에 대한 김자야의 사랑이 가슴을 아리게 합니다. 역사의 격랑이 한 개인의 운명에 개입한 비극입니다. 김자야는 물질적으로는 풍요하게 살면서도 마음으로는 한 사람만을 그리워하며 외롭게 살다 갔습니다. 어쩌면 백석을 사랑한 것이 자신의 삶을 고귀하게 살아내는 원동력이기도 했을 것입니다.

백석과 김자야의 사랑에 한없이 빠지다가 왠지 이곳에 오래 머물고 싶다는 생각이 들었습니다. 자유롭다고 하면서도 완전한 자유를 누리지 못하는 내 나라가 원망스러웠습니다. 언제인가 김지하의 작품 「오적(五賊)」을 강의 시간에 언급했다 해서 안기부에서 「오적」을 강의한 사람을 찾으러 왔다는 조교의 말에 한동안 두려웠던 기억이 떠오릅니다. 내 나라에서 발간된 책을 이곳에서 보며 감동하고 부끄러움을 느끼는 것이 서글픕니다.

잠시나마 나를 지배하던 이념의 세계를 벗어나, 인디애나대학 도서관에서 책을 통하여 남북분단의 슬픔을 몸소 체험한 것이 소중할 따름입니다. 이제는 맑은 물처럼 순수하게 살 수 있었으면 하는 소망을 안고 곧 내 나라로 돌아갈 예정입니다.

워싱턴 산 정상에 올랐다가

자연이 좋아서 선택한 워싱턴 산(Mt. Washington) 정상으로 향하여 오르고 있다. 구름이 중턱에 걸려서 산봉우리만 보였다 숨었다 한다. 단풍으로 물든 나무들이 아름다움을 연출하는 산 속의 길은 천국으로 향하는 것 같았다. 한 굽이를 다가가면 구름에 가렸던 산의 모습이 조금씩 자태를 뽐낸다. 우리 식구 세 사람은 자연의 풍광에 정신을 빼앗겨 말이 없다. 갑자기 나무 사이로 햇볕이 들어오자 왼쪽 자작나무의 줄기가 흰빛을 드러냈다.

산으로 들어가는 입구에서 입장료 41$을 지불했다. 그때 입장료를 받는 사람은 정상이 무척 춥다고 말해 주었다. 자동차 트렁크를 열고 두꺼운 옷을 준비했다. 위로 곧게 뻗은 상록수 사이로 얼굴을 내미는 빨간 단풍과 노랑 단풍이 산 속에 생기를 불어 넣었다. 전망이 좋은 곳은 어김없이 차를 세울 수 있는 주차장이 있어서 사진도 찍었다.

위로 갈수록 나무들의 키가 작아진다. 멀리 보이는 산은 나무가 없고 이끼가 낀 것 같다. 정상에 가까워지면서 이끼와 흙이 무늬를 만들고 구름이 앞을 가리곤 했다. 아래를 내려다보니 새파란 상록수들 가운데 드문드문 박힌 빨강 노랑 단풍이 옷감의 무늬를 연상시킨다. 갑자기 길은 보이지 않고, 아래는 온통 구름으로 하얀 세상이다. 여기에서 자동차의 불빛은 구름에 가리어 길을 밝히지 못한다. 구름떼가 지나가자 길이 보였다. 길 양쪽은 나무가 없는 조그만 돌밭이고, 그 위에는 여기저기 돌탑들이 있다. 돌밭 사이에 있는 작은 풀들은 메말랐고, 돌탑은 쓸쓸하게 보였다. 돌을 쌓던 사람들은 무슨 소원을 빌며 돌을 얹었을까.

저 멀리 희미하게 집이 보였다. 목표지점에 가까이 왔다는 신호에 마음이 평안해졌다. 드디어 자동차를 세우고 문을 열려니 춥고 세찬 바람 때문에 밖으로 나오기가 어려웠다. 부랴부랴 두꺼운 옷을 입고 무조건 집으로 향하여 뛰었다.

집 앞에 'Summit House/Summit Building'라는 조그만 표지판이 있었고, 그 건물 문에는 'Thank You, Mt. Washington State park'이라는 인사말이 있었다. 바로 옆에 정상을 알리는 안내문이 눈에 띄었다. 몇 개의 바위를 밟고 오르니 'Mt. Washington Summit 1917m/ 6288ft'라고 기록된 조그만 나무판자였다. 그 앞에서 사진을 박았다.

관광객을 맞이하는 건물로 들어가 창문으로 아래를 내려다보며 커피를 마셨다. 넓은 공간은 관광객이 없어서 텅 비었다. 건물의 지하층에는 박물관과 상품이 진열되어 있었다. 이 산에 대한 등정 역사와 함께 기후와 자연에 대한 자료가 사진과 더불어 전시되어 있었다. 사계절을 따라 찍은 산의 모습들이었다. 꽃이 있는 사진과 흰 눈으로 덮인 산, 이 산에 사는 다람쥐, 새, 노루, 사슴 등 동물들의 사진들이 걸려 있었다. 그 사진 밑에는 마그넷, 옷, 지팡이, 모자 등의 상품들이 팔리기를 기다리고 있었다. 사진들에 압도되어 상품들은 빛을 잃은 듯했다.

옆에 있는 건물 'TIP-TOP House / Built 1854'로 들어가 보았다. 긴급할 때 피신할 수 있는 집이었다. 그 역사가 150년이 넘었는데 당시에 쓰던 긴 식탁과 몇 개의 의자, 찻잔과 간단한 살림 도구들이 보존되어 있었다. 벽에는 옛날의 등불인 초롱이 걸려 있다. 초롱에서 희미한 불빛이 새어 나왔다. 어떻게 이 높은 곳에 집을 짓고, 격식이 있는 살림 도구들을 차렸을까.

한 시간 정도 산책하려고 밖으로 나갔다. 바람이 그 자리에 설 수 없게 억세게 불었다. 정상에서 설산을 보며 걷고 싶었던 계획은 춥고 세찬 바람에 포기할 수밖에 없었다. 주차장으로 돌아오니, 의외로 자동차들이 없었다. 어디든 자동차를 이용하는 이 나라에 자동차가 없다는 사실에 의아했다. 나중에 알고 보니 미국에서도 바람으로 유명한 곳이었다. 자동차의 시동을 걸고 내려가는 길에 들어서자, 올라왔던 길이 뱀처럼 구불구불했다. 협소한 길을 따라 가려니 구름이 앞을 가려서 아득했다. 우리는 서로 말을 하지 못했다. 운전을 하는 아들에게 어떤 말도 할 수 없었다. 구름이 앞을 막아서 5m 정도의 거리도 보이지 않았다. 거기에 길은 유턴으로 굽어서 조금만 빗나가도 낭떠러지라 바짝 긴장했다. 아들은 핸들을 꽉 붙잡고 가슴을 운전대에 붙인 채 유리창으로 바짝 기울여 속도를 늦추며 길을 살폈다. 얼굴은 굳었다. 조금만 잘못하면 벼랑으로 떨어지는 좁은 길이었다.

이곳에 오면서 내려 갈 때를 전혀 염두에 두지 않았다. 뜻하지 않은 위험에 천천히 움직이는 자동차 불빛을 따라 우리는 함께 숨을 마시고 내뱉었다. 경계를 늦출 수 없었다. 거의 중간쯤에 이르자 파란 하늘에 구름이 둥둥 떠다니는 것이 보였다.

평지에 이르러 우리 세 사람은 자신도 모르게 휴! 하고 한숨을 내쉬었다. 그리고 곧 마음이 평온해졌다. 무심히 머리에 손을 얹자 머리카락이 축축하게 젖어 있었다. 정상은 구름과 같이 있는 곳임을 알려 주었다.

그래도 정상에 이르는 순간 목적을 이루었다는 기쁨에 만끽할 수 있었고, 설산과 구름이 구분되지 않는 곳에서 커피도 마실 수 있었다. 이곳까지 오는 동안 순간순간 변하는 나무와 풀과 돌은 어느 곳에도 볼 수 없는 특이한 것이었다. 내려오는데 위험을 전혀 예상하지 못할 만큼 산이 우리를 유혹했었다. 그 어려움을 미리 알았다면 선불리 산을 향하여 출발하지 않았을 것이다.

무사히 평지에 도달하고 안도의 숨을 내쉬는 순간, 그때야 산 정상까지 자동차로 오르는 것은 모험이었다는 사실을 깨달았다. 오를 때와 내려갈 때의 심경은 너무나 달랐다. 오로지 무사히 내려가야 한다는 목적 이외는 아무것도 없었다. 우리는 같은 마음으로 오직 출발지점에 도착하기를 빌었다. 아들은 지금까지 이토록 운전하기 두려웠던 적이 없었다고 고백했다. 돌이켜보니 극복할 수 있다면 모험은 귀한 체험이었다. 무슨 일이던지 정상에 오르는 일은 어려웠다. 그리고 내려오기는 더욱 어려웠다.

구찌터널

구찌터널 앞에 섰다. 가로와 세로가 40cm에서 50cm, 높이 70cm 정도 되는 땅굴이었다. 몸이 작은 사람들은 들어갈 수 있지만, 서양인들처럼 체구가 우람한 사람은 입구부터 들어가지 못하는 좁은 구멍이었다.

그 구멍에 들어갈까 말까 망설이는데 손자와 손녀가 벌써 들어가고 있었다. 나도 모르게 손자와 손녀를 따라 구멍으로 들어서버렸다. 앉은뱅이로 세 걸음 정도 기기 시작하자 앞이 캄캄했다. 손으로 사방을 더듬어 가면서 길을 찾아야 했다. 막힌 곳은 갈 수 없고, 뚫린 곳이 길이라는 생각에 엉금엉금 움직였다. 앞서 가던 아이들의 소리가 끊어지자, 갑자기 무서워졌다. 어디로 가야 길인지, 혹 잘못된 길로 들어 가다가 가족들을 잃어버리는 것은 아닌지…. 두려움이 일어났다. 앞장 선 손자 이름을 불렀다. 대답은 없고 나가는 길을 밝히는 빛은 보이지 않았다. 컴컴한 굴 안에서 내 존재를 알리는 방법은 없었다.

손에 닿는 벽은 모두 흙벽이었다. 손으로 만져서 가로 막는 것이 없는 곳을 향하여 계속 기어갔다. 시간이 얼마큼 흘렀는지 빛이 희미하게 비치기 시작했다. 그 빛은 삶을 알리는 신호였다. 오로지 빛만이 살길이었다. 빛을 향하여 천천히 가다가 밝아지는 지점에 이르자, '살았구나!' 하는 마음으로 터널에서 나왔다. 손자, 손녀가 왜 그렇게 오래 있었느냐며 걱정을 했다고 한다. 나도 아이들을 보자 반가웠다. 길이가 50m 정도에 이르는 굴을 통과하는 체험이건만 얼마나 겁나고 무서웠던지.

구찌는 농촌지역으로 순박하고 착한 농민들이 사는 곳이었다. 호치민시(사이공)에서 약 75km 떨어진 구찌터널을 향하여 출발할 때도 나는 어떤 곳인지 전혀 알지 못했었다. 좋지 않은 도로사정과 출근시간의 교통체증으로 막히는 자동차 안에서 아름다운 자연을 통과하는 것으로 상상했었다. 구찌터널에 들어가는 입장권을 구입하는 순간까지도 자동차가 다니는 굴로 생각하고, 상점 옆에 있는 입구를 무심히 통과했다.

땅굴을 파기 시작한 것은 프랑스에 대항하기 위해서 1940년대 프랑스 식민지통치시대부터였고, 무기를 감추거나 비밀통로를 만들기 위해서 게릴라들이 판 것이었다. 베트남 전쟁이 일어나자, 이 굴을 지하 3층 깊이 7m로 보수하고 거미줄처럼 확장

했다. 길이가 250Km에 이르는 이 굴 안에 마을이 있고 야전사령부, 숙소, 병원, 회의실, 식당, 주방 등이 있다. 호미로 파고 삼태기로 흙을 날라서 만든 구찌터널은 완벽한 요새였다.

시골사람들은 굴속에서 싸우는 병사들을 후원하기 위해 전쟁에 피난을 가지 않고 농사를 열심히 지었다. 고향과 자유를 지키기 위해 땅굴에 있는 군인들이 잘 먹고 싸우도록 식량을 충분하게 조달했다.

밖으로 나와서 그 굴을 다시 보았다. 적으로부터 살아남기 위해 인위적으로 만든 공간은 겉으로 보기에 조그만 구멍이었다. 전쟁에서 승리를 위해 낮과 밤이 없이 24시간 컴컴한 곳에서 생활한 전쟁터였다. 그 밖에 사방 50cm 되는 구멍을 깊게 파고 나뭇잎으로 덮어 덫으로 삼은 구덩이도 있었다. 거기를 지나던 병사가 빠지면 위로 솟아있는 날카로운 쇠못에 찔려 죽게 되는 함정이었다. 소수인원으로 최신무기를 갖춘 미군 병사들을 이길 수 있었던 것은 구찌터널과 구렁텅이 같은 지략을 이용했기 때문이었다. 이런 지리적 함정을 알지 못하는 미군병사는 "베트콩은 보이지 않으나 어디에나 있다."고 말할 정도였다.

어떤 나무 밑에는 울퉁불퉁한 흙이 붙어 있었다. 통풍시키기 위한 구멍이었다. 이것을 감추려고 흙을 바르고 나뭇잎으로 덮었다. 식사는 아침에 하루에 한 번 지어서 세 끼를 먹게 했다. 100m 가량 떨어진 곳에 굴뚝을 설치하고, 아침 안개가 있을 때

굴뚝의 연기를 배출함으로써 자신들의 삶터를 숨겼다. 땅굴에서 생활하는데 동원한 여러 가지 지혜에 감탄이 절로 나왔다.

땅 위에는 1970년도라는 글자가 희미하게 쓰여진 탱크가 군데군데 부서져 내릴 듯이 녹이 슨 채로 있었다. 사람들은 그 앞에서 사진을 찍으며 웃었다. 내 손자와 손녀도 탱크 위에 올라가 손을 흔들었다. 탱크 앞에서 웃는 사람들은 전쟁을 모른다. 그것이 얼마나 많은 사람을 해치며, 당당하게 앞으로 나아가는 기계인지를. 생명을 위협하던 탱크가 지금은 추억의 기념물로 나른하게 진열되어 있다.

전쟁의 흔적에 숙연한 우리 가족은 덥다는 말도 없이 사람들을 따라 천막으로 들어갔다. 전쟁 때 게릴라들이 먹던 것을 시식하는 곳이었다. 감자 같기도 하고 토란 같기도 한 것이 빛깔은 감자인데 모양은 길쭉한 고구마 같았다. 깨소금에 찍어 먹는데 달지 않고 고소해서 먹을 만 했다. 이것은 게릴라들의 주식으로 타로(토란의 일종)라 했다. 이것을 먹고 싸우다가 죽은 영혼을 기리는 헌금함이 앞에 있었다. 거기에 돈을 조금 넣고 천천히 걸었다.

초토화 되었던 땅에서 살아난 나무들은 푸르고 싱싱했다. 생명을 다시 일깨운 나무들이었다. 아름드리로 컸어야할 나무는 작은 가지로 하늘을 향해 하늘거렸다.

전쟁에서 승리를 할 수 있었던 것은 최신무기에 해당하는 물질적인 힘이 아니라 오로지 일편단심으로 저항한 평범한 사람들의 정신과 지혜였다. 구찌터널은 완벽한 요새였고, 오늘날 자유를 누리게 된 역사를 증거하고 있었다. 겨우 50m 터널을 기어서 체험했지만, 구찌터널의 지략은 정말로 위대한 것이었다.

탁상시계

결혼하고 며칠 되지 않아 남편이 늦게 들어왔다. 미안한 기색도 없이 오히려 빙긋이 웃으며 친구 K선생에 관하여 이야기를 꺼내었다. 하지만 나는 그 K선생에 대하여 별로 흥미를 느끼지 못했다. 이미 그를 알고 있었기 때문이었다. 남편과 서울대학 동기동창인 K선생은 경제적으로 부유한 집안의 사람이었다. 졸업을 앞두고 서울에 있는 여러 고등학교에서 교사를 구하는데도 불구하고 응하지 않더니, 이화여고에 교사 자리가 생기자 곧 부임했다고 한다. 그 말끝에는 역시 부자는 좋은 직장을 선택할 수 있는 여유를 가졌다는 점에서 부러워했다. 내게는 원하는 직장이 주어질 때까지 버티는 사람도 있다는 것을 깨우쳐 준 사람이었다.

남편은 가방에서 조그만 상자를 꺼내어 포장을 뜯으며 K선생이

준 선물이라고 말했다. 아담한 탁상시계였다. 당시 선물로는 매우 값진 선물이었다. 며칠 전 K선생이 이화여고에서 만나자고 해서 갔더니, 교정과 아름다운 정원으로 꾸며진 이화동산을 걸으면서 좋은 학교라고 자랑을 했단다. 마치 자신의 학교인 듯 어깨를 으쓱하며 말하던 친구는 나무 그늘이 드리워진 잔디밭에 앉더니 결혼선물이라며 조그만 상자를 주었단다. 이곳으로 자네를 부른 이유는 결혼한 자네의 신부가 바로 이 아름다운 교정에서 성장한 사람이라는 것을 알리고 싶었기 때문이라고 말했단다.

지방에서 올라와 서울에서 대학을 다녔던 남편은 이화여고라는 학교에 대하여는 이름은 잘 알고 있었지만, 역사적인 전통이나 좋은 환경 그리고 어느 학교보다도 분위기가 자유롭다는 사실은 알지 못했다. 그런 남편에게 오랜 전통과 함께 아름다운 교정을 가진 학교임을 K선생이 깨우쳐 주었다. 그 말에 나도 새삼스럽게 모교가 자랑스러웠고, 이 사실에 왜 무심했던가를 돌이켜 보았다.

고등학교에 진학하면서 몸이 아프기 시작했고, 그 허약함으로 인해 담당의사도 대학진학을 포기하라는 진단을 내렸었다. 그럴수록 나는 대학에 꼭 가고 싶었다. 대학에 가기 위해서 3년 동안 학과 공부에만 노력을 기울였다. 학과 공부를 쫓아가기도 힘들었기 때문에 친구들과 동아리라든가 특별활동에 참가하는 일은 꿈도 꾸지 못했고, 사계절에 따라 변하는 정원에 무관심할 수밖에 없었다.

언제나 고등학교는 교과서의 내용을 배우는 곳이었고, 대학으로 가기 위한 통로일 뿐이었다. 아침에 갔다가 그날의 수업이 끝나면 기계처럼 곧바로 집으로 돌아오곤 했었다.

2008년 9월에 중국 연변대학의 조선-한국학학원에 석사·박사과정 강의를 하러 가는 남편을 따라 갔었다. 우리와 한 핏줄인 조선족은 우리를 반겨 주었고, 스승의 날이라든가 학술세미나와 같은 행사가 있을 때는 내게도 참석할 기회를 주었다. 어느 날 한 테이블에 앉았던 부총장이 내게 학력을 물었다. 그때 이화대학 국문과를 졸업했다고 대답하자, 옆에 있던 남편이 고등학교는 이화여고를 졸업했다고 덧붙였다. 이화여고 출신이라는 말에 그 자리에 있던 연변대교수들이 유관순이 다녔던 학교가 아니냐면서 크게 감탄을 했다. 순간 이들이 유관순을 통하여 이화여고를 특별히 생각할 줄은 전혀 예상하지 못했었다. 대학에서 전공한 학력에 따라 직장생활을 하고 있었기 때문에 고등학교에 대해서는 거의 잊고 있었다.

이제 몇 달 있으면 고등학교 졸업 50주년을 기념하는 행사가 열린다고 한다. 잊었던 고등학교를 되돌아보면서 친구들은 어떤 모습으로 변했을까. 그리고 선생님들은 몇 분이나 만날 수 있을까. 미국, 캐나다, 스위스 등 세계 각국에서 60여 명의 친구들이 오고 국내에서 250여 명이 참석한다고 한다. 그동안 직장에서나 길에서 가끔 만났던 동창들은 잘살고 있었다. 그 친구들과 더불어 지난 시간들을 돌이켜 보니, 우리들이 잘살 수 있었던 것은 이화여고에서 보낸 교육의 덕이었다. 비록 아파서 학교생활에 적극적으로 참석하지 못했지만, 나도 모르는 사이에 매일 드나들었던 교정에서 낭만을 꿈꾸었고, 같은 반에서 공부하던 친구들의 밝은 성격이 내게 영향을 주었다. 자유, 평화, 사랑이라는 학교의 목표를 따라 생활하면서 우리들을 바른 길로 인도하시던 훌륭한 선생님들이 있었기에 우리들이 풍요로운 삶을 살고 있음을 알게 되었다.

무심하게 생각했던 모교를 졸업 50주년이 되어서 그 가치를 깨달으며, 그동안 내 삶에 알게 모르게 크게 영향을 주었다는 사실을 고백하게 된다. 어쩌면 마지막 만남이 될지도 모르는 이번 동창회는 꼭 참석해서 모교에서 받았던 가르침의 덕으로 이 자리에 나타나게 될 친구들의 행복한 모습을 보고 싶다. 그때 만나게 될 친구들을 상상하면서 내 모교의 가치를 깨우쳐 준 탁상시계를 떠올리며 K선생도 만나기를 기대한다.

확인증을 받고

지난가을 수필집 『낯선 길의 조선을 찾아』를 출간했다. 연변에 여섯 달 동안 머물면서 전혀 알지 못했던 '조선족'이 우리와 한 핏줄로 가깝게 다가왔다. 언어가 같고 한글로 표기된 상가 이름에 한국으로 착각할 정도였다. 물건을 흥정할 때에 중국말을 몰라서 쩔쩔매고 있을 때, 지나가던 조선족이 멈추고 통역을 해주는 등, 따뜻한 정에 감동해서 기록한 것이었다. 단순히 개인적인 느낌이라 부끄러웠지만, 많은 사람들에게 알리고 싶어서 그 책을 여러 문인과 수필가들에게 보냈다. 며칠 후, 책을 받은 분들이 축하와 함께 격려의 말씀을 보내주셨다. 전화, 이메일, 엽서뿐만 아니라 정성스러운 작품평과 함께 자신의 책을 보내주시는 분들도 있었다.

그때 받은 책들을 정리하는데, 그 가운데 『혼자 달린 경주(競

走)』(학문사)를 펼치자 내 책을 읽은 소감이 기록된 원고지가 끼어 있었다. 그 원고지 사이에 '책을 받았다'라는 난에 O표를 해서 보내라는 반환엽서도 있었다.

'책을 받았다'는 역할을 담당했던 반환엽서는 겉으로는 단순했지만, 내면에는 어떤 숨은 뜻이 있지 않을까 하는 궁금증이 일어났다. 혹 책을 받은 사람들로 부터 아무런 회답이 없자, 반환엽서를 동봉해서 그 책에 대한 존재를 확인하고 싶은 것이었을까.

요즘 쏟아져 나오는 많은 시집과 수필집들로 인해서 책들은 가치를 상실하고 사람들에게 귀찮은 존재로 전락한 것 같다. 심지어는 수필전문지 발행인조차 아무런 반응이 없었다. 간략한 소감까지는 아니더라도 잘 받았다고 전화로 한마디는 할 수 있지 않은가. 혹은 '받은 책 잘 읽겠습니다.' 하는 이메일도 기쁘다. 소식이 없으면, 내 책이 길을 잃고 천덕꾸러기로 쓰레기통에 버려져 있을 것만 같다.

답례로 책을 받았을 때는 고마워 절을 하고 싶은 심정이었다. 그 책에 대하여 고맙다는 인사와 함께 정성스러운 감상문도 보내고 싶은 마음이 절로 일어난다.

확인증이 들어있었던 책은 노교수가 88세의 미수(米壽)를 기념하기 위해서 그동안 쓴 수필 중에서 몇 편을 뽑아서 발간한 수필집, 미수기념수필문학선집(米壽記念 隨筆文學選集)이었다. 공주교육대학에서 정년퇴직한 교수는 많은 수필집과 논문을 집필하셨다. 머리말에서 그는 반세기 가까이 써온 글을 뽑아 미수를 기념하는 선집을 내며 노병은 이제 알량한 문단활동을 접고 이만 물러간다고 마무리를 선포했다.

무엇보다도 그 책에 실린 수필의 문장은 모범적이었다. 특별히 맛깔스러운 문장은 아니지만, 어디 한 군데 흠잡을 데 없는 편안한 문장이었다. 「조선학도 특별 학병제」라는 글에서 '짧은 기간이었지만 학병제는 당사자들에게는 비바람이 몰아치는 인생의 폭풍우였다'라고 쓴 대목에서 가슴이 아렸다. 그리고 '그때 현해탄에는 연합군의 폭격기나 어뢰정이 출몰하여 마음을 놓고 건너다니지 못할 형편'이었다는 내용에서 '천안함 사건'으로 인해 처음 들었던 어뢰정이라는 말이 그때도 있었다는 사실에 놀랐다.

평생을 착실하게 살아온 삶의 기록들을 뽑아 마지막 한 권의 책으로 엮어 세상에 내놓는 뜻에 공감하면서도 또 한편으로는 서글펐다. 확인증을 동봉함으로써 사람들로부터 받는 회답도 자신의 삶을 결산하는 한 부분일까. 그렇게 삶을 정리하는 것은 용감하고 성실한 삶을 의미하는 것 같았다.

확인증에 O표만 그려서 우체통에 넣으라는 반환엽서는 쉬운 회답의 길을 제공했지만, 그 방법을 따르는 것은 기쁘지 않았다. 그동안 책을 보낼 때마다 얼마나 반응이 없었으면 반환엽서라는 걸 동봉했을까. 글 한 편을 쓰기 위해 우리는 얼마나 많은 시간 동안 고뇌하며 자신과 싸우는가. 그런 책을 집까지 보내주는데도 아무런 응답이 없는 풍토가 씁쓸했다.

왜 반환엽서를 동봉했는지 궁금하기도 하고 보내준 책에 대한 고마움을 전하려고 어느 날 전화를 했다. 선생님은 책을 받는 사람들에게 부담을 덜어주기 위하여 반환엽서를 보냈다고 하셨다. 잘 받았다는 말을 간략하게 쓰는 것조차 부담이 될 것 같아 가볍게 받으라고 확인증을 동봉했다는 말씀은 뜻밖이었다. 자신의 책이 잘 전달되었는지를 단순히 확인하는 반환엽서로만 취급한 내 생각이 부끄러웠다. 받는 사람의 부담까지 덜어 주시려는 원로 선생님의 넓은 아량과 깊은 마음에 감동했다.

하지만 내게 확인증은 책을 받는 사람들이 갖추어야할 최소한의 예의를 일깨워 주었다. 또한 책을 받으면 어떤 형태로든 꼭 회답을 하라는 경고의 메시지로 생각되었다. 글쓴이의 노고를 생각하며 무심히 지나지 말라고…. 그 후로 책을 받을 때면 확인증이 떠오르며, 정성껏 읽고 간단한 소감이라도 전해야겠다고 마음에 다짐을 했다.

버려졌어도

오랜 세월 그린벨트 지역에서 잡풀과 싸우면서 살았다. 눈만 뜨면 돋아나는 잡초가 신경을 곤두서게 했다. 잡초를 뽑지 않으면 잔디가 엉망으로 변하기 때문에 자연히 잡초는 내게 거추장스러운 존재였다.

남편의 은퇴로 집을 아파트로 옮기면서, 잡초에 지쳤던 나는 남편의 연구실에 있던 많은 난들 가운데 두 개만 가지고 왔다. 그리고 봄이면 일년초에 해당하는 꽃 화분 몇 개만 베란다에 놓고 즐기곤 했다. 두 개의 난은 언제나 거실에서 푸른 잎으로 싱싱하게 생기를 주었다. 꽃을 피우지는 않았지만 죽지도 않고 5년이라는 시간 동안 항상 푸른 잎으로 우리 곁에 있었다.

중국의 연변대학 조선-한국학학원에서 석·박사 강의를 하러 가는 남편을 따라 갔다. 6개월이라는 시간이 길지 않아서 집을 비우고 떠났다. 9월 초에서 그 이듬해 3월초까지 머무는 기간이 추운 계절 겨울이라 나는 약간 두려운 마음이었다. 추위에 유난히 약한 체질이라 불안했지만, 한편 만주벌판의 겨울 풍경을 볼 수 있다는 환상에 기대를 걸었다.

화초들과 난을 베란다 하수구 가까이에 놓고 가을에 떠났다. 화초들은 일년초이기 때문에 죽을 것으로 생각하고, 난은 혹 물이 내려오는 하수구에서 습기라도 받지 않을까 하는 마음이었다. 우편물과 세금 고지서는 딸에게 부탁하여 해결하게 했다. 이를 위하여 딸이 간혹 와야 하기 때문에, 그때마다 난에 물을 한 번 뿌려 주라고 일러두었다.

6달 동안 우리는 집을 잊고 연변의 생활에 충실했다. 돌아오니 많은 우편물이 쌓여 우리를 기다렸고, 두 개의 난이 청정하게 살아서 싱싱한 기운과 함께 향기를 내뿜고 있었다. 자세히 보니 꽃을 피운 것이었다. 난 잎 사이로 두 대의 꽃대가 올라왔고, 그 꽃대에 핀 꽃이 신기하여 코를 가까이 했다. 향기가 그윽했다. 순간 처음으로 핀 꽃향기에 내 마음이 벅차도록 기뻤다. 언제나 난을 곁에 두고 살았지만, 꽃을 피우지 못했기 때문이었다. 더구나 외국에 가면서 버려두었는데 꽃을 피우다니….

오래전부터 남편은 물이 없어야 열매를 맺기 위해 꽃을 피운다며 난에 물을 주지 말라고 했다. 그래도 다른 화분에 물을 주면서 난을 빼놓기가 쉽지 않았다. 난 향기를 맡으며 남편은 자신의 말이 옳았다는 증명에 빙긋이 웃었다.

재능도 없고 아는 것이 없는 나는 모든 일에 최선을 다하는 것으로 세상을 살아가고 있다. 그런 점에서 일주일에 한 번씩 화분에 물을 줄 때 난도 빼놓지 않았다. 죽어도 좋다는 용기로 물을 주지 않는 경험을 시도했어야 함에도 불구하고 소심한 내 마음은 정해진 길에서 벗어나지를 못했다.

난의 꽃은 어떤 일에나 무조건 충실한 것만이 옳은 것이 아니요, 그 물질의 특성을 찾아서 정성을 다해야함을 일깨워 주었다. 어쩔 수 없이 버린 난에서 피어난 꽃향기를 맡으며 나는 무조건 달리기만 했다는 생각이 들었다. 어떤 드라마에서 '이루어지지 않는 일에 매달리는 사람이 불쌍한 사람'이라고 말하는 대사에 내 귀가 번쩍 열린 적이 있었다. 마치 나를 두고 하는 말인 것 같았다. 열매를 얻어야 성공한 삶인가. 재능은 없지만 노력에 매달리지 않으면 무엇으로 살겠는가. 난이 내게 향기로 살아가는 방식을 가르쳐 주었다. 이제는 한 가지 방식에만 따르지 말고, 그 사물의 특성을 살피며 애정을 가지고 기쁨도 맛보라고.

큰 스승님의 말씀을 들으려고

며칠 전 중앙일보에 K목사님에 관한 기사가 커다란 활자로 한 면을 전부 차지했다. 이 시대에 가장 큰 스승으로 40여 년 동안 연경반에서 말씀하신 내용이 50여 권의 책으로 출판되었으며 폐암수술을 받으셨다는 내용이었다. 90세라는 연세로 폐암수술을 받아야하나 생각하다가 「시편」을 강해하기로 한 연경반과의 약속을 지키기 위해서 수술을 받으셨다고 한다.

잊혔던 K목사님은 대학의 채플시간에 동양과 서양을 넘나들며 철학과 종교가 어우러진 말씀으로 감동을 주셨던 분이다. 졸업 후 K목사님은 대학교회에서 말씀을 계속하신다는 소식과 함께 그 말씀을 묶은 「사색」이라는 얇은 팸플릿을 후배에게 받은 적이 있었다. 「사색」과 채플시간에 받았던 감동이 대학교회로 불렀지만, 나의 집은 서울의 변두리 먼 곳에 있었고, 가정과 직장생활로 일요일은 다음 일주일 동안 살아야하는 준비로 다른 일은 엄두도 내지 못했다. 이렇듯 현실에 쫓기어 사는 동안 K목사님의 말씀은 40년 동안 계속되었고, 그 말씀이 오늘날 50권의 책이 이른 것이다.

한동안 멍했다. 잠깐 후일로 미룬 것이 40년이라는 세월이 흘렀고, 50여 권의 책이 세상에 나오는 동안, 나는 무엇을 했는가. 어쩌면 이번 학기가 마지막 강해가 될 것 같은 예감이 들었다. 부랴부랴 서둘러 연경반의 목회시간과 장소를 알아내었다. 9월에 시작하는 연경반에 가기로 작정했다. 하지만 외국에서 살던 아들네가 돌아와 집을 마련하기까지 우리 집에 머물러서 그 계획을 실현하기가 어려웠다. 설상가상으로 가깝던 친구가 폐암으로 세상을 떠나는 바람에 연경반은 또 잊혀졌다.

정신을 가다듬으니 연경반에 갈 수 있는 기회가 12월의 6일과 13일 두 번밖에 남지 않았다. 선배 작가와 6일에 함께 가기로 약속했다. 약속 전날인 토요일 눈비가 오더니, 기온이 갑자기 내려가고 바람이 불어 몹시 춥다는 보도에 선배가 다음 13일에 가자고 했다. 아침에 눈을 뜨니 새벽 4시, 추위 때문에 귀한 기회를 놓치는 것이 후회로 남을 것 같았다. 살아갈 날들을 위하여 선배와의 약속을 어기고 용감하게 집을 나섰다. 전철에 오르며 왠지 오늘은 특별한 일요일처럼 생각되었다.

도곡역에서 3호선 전철로 바꾸어 타기 위해 에스컬레이터에 서 있는데, 바로 뒤에 있는 젊은 여자가 "교회 가시는 길이시지요?" 하고 물었다. 그렇다고 간단히 대답했더니, 그 여자는 "천국이 있음을 믿으시지요?" 하고 물었다. 그 순간 천국을 확신하지 못해 우물쭈물하는 사이에 그 여자는 다른 방향으로 가버렸다. 오랜 교회생활에도 불구하고 천국은 내게 늘 미지의 세계였다.

신촌의 찬바람을 맞으며 연경반으로 들어섰다. 이른 시간이라 앞자리를 차지할 수 있었다. 말씀시간 10분전 K목사님이 들어와 자리에 앉으셨다. 세월을 초월한 맑고 투명한 얼굴이었다. 채플시간에 대학교 강당에서 말씀하시던 모습 그대로였다.

9시가 되자, 추운 날씨에 오시느라고 고생 많았다는 말로 시작하면서 오늘 말씀을 끝내고, 다음 일요일은 그동안 품었던 의문을 질문할 사람만 오라고 덧붙였다. 그 순간 '아! 내게는 오늘이 첫 말씀이자 마지막 말씀이구나!' 아슬아슬한 낭떠러지에서 한 가닥의 나무줄기를 겨우 붙잡은 느낌이었다.

한 말씀 한 말씀이 내 몸으로 살아서 들어 왔다. 평상시 기억력이 없어서 메모에만 정신을 쏟았던 것이 오늘은 처음으로 머리에 입력되고 있었다.

"우리가 사는 것은 하늘나라로 가는 것이다."

"믿음의 식구들은 끝남이 아니라 하늘나라에서도 같이 산다. 영성의 세계는 삶과 죽음이 없다."

말씀마다 내 가슴을 울리며 그냥 마구 들어 왔다. 그토록 희미했던 천국에 대한 믿음과 소망이 오늘 확신의 길로 들어서고 있었다. "진리가 너희를 자유롭게 하리라."는 말씀을 통하여 진리는 눈을 뜬 자이며, 눈을 뜬 사람은 날아다니는 사람이라고 했다. 진리에 이른 사람은 저절로 자유롭다는 생각에 수긍이 갔다. 오늘 스승님의 말씀은 평생 진실하게 살아온 성품에서 우러나온 것이기에 나를 더욱 감동시켰다. 왜 젊은 날 이곳을 찾지 못했는지 후회가 밀려 왔다. 동시에 오늘의 말씀은 오랜 세월 교회라는 건물에만 들락거렸을 뿐 영성에 굶주렸던 내게 불씨를 제공했다.

마지막 한 시간의 말씀이 바보로 고달프게 살아왔음을 깨우쳤다. 이 자리에 왔다는 것은 언제나 흡족함을 누리지 못하는 메마른 마음에서 비롯된 것이었다. 집을 나설 때 추웠는데 돌아가는 길은 따뜻했다. 그리고 기쁨으로 날아갈 듯 가벼웠다.

산호섬에 갔다가

산호섬(꼬란: koran)으로 가는 배에 올랐다. 파타야에서 약 20여 리쯤 떨어진 작은 섬으로 한 시간 남짓 걸린다고 했다. 우리 가족은 바다가 보이는 좋은 자리에 앉았다. 앞뒤를 둘러보아도 동양인은 보이지 않고, 흰 피부에 키가 큰 서양 사람들뿐이었다. 앉을 자리가 꽉 차서 서 있는 사람들이 늘어나자, 특별한 선택을 받은 듯 우리는 즐거웠다.

맑고 투명한 물을 헤치며 배는 앞으로 나아갔다. 육지에서 멀어지면서 눈에 들어오는 망망한 바다는 비취색이었다. 햇빛을 반사시키는 물결은 고기비늘처럼 반짝거렸다. 금빛의 바다, 물살 위에 어른거리는 빛들이 빚어내는 무늬가 배의 뒤를 따라오고 있다. 얼마나 왔는지 띄엄띄엄 떨어져 있는 푸른 숲의 섬들이 보이기 시작했지만, 어느 섬으로 갈 것인지 전혀 짐작 되지 않았다. 가던 배가 바다 한가운데서 멈추자, 작은 긴 꼬리배가 물살을 헤치며 배 가까이 다가왔다.

조그만 배는 우리배 옆으로 왔고, 사람들은 그 배로 옮겨 탔다. 우리도 그 행렬에 끼어서 작은 긴 꼬리배로 갈아탔다. 바닥이 환히 보일 만큼 낮은 곳이었는데 큰 배를 댈 시설이 아직 갖추어지지 않아 작은 배로 갈아타야 해변에 닿을 수 있는가 보다. 그 배에서 내리는 곳에도 발목까지 물이 차 있어서 부지런히 신발과 양말을 벗고 내렸다. 이미 이곳에 먼저 온 사람들은 수영을 하거나 비키니 차림으로 누워서 일광욕을 즐기고 있었다.

바닷물은 따뜻하고 맑았다. 발에 밟히는 모래는 명주처럼 보드라운 촉감이었다. 맑고 따뜻한 물에 혹하여 나는 할머니라는 것도 잊은 채 점점 깊은 곳으로 계속 들어갔다. 발바닥에 닿는 고운 모래와 청량한 물을 계속 보면서 세상에 이런 곳이 또 있을까 싶었다.

일정한 간격으로 밀려오는 물결을 보면서도 그 높이를 가늠하지 못해 넘어질 뻔했다. 그때 입안으로 들어온 짠 물이 염도가 높은 바다임을 일깨워 주었다. 파도가 가까이 올 때에 맞추어 몸을 살며시 올리면 저절로 붕 떠오르는 쾌감, 그것은 즐거운 흔들림이었다. 어느 틈에 손자와 손녀가 커다란 튜브를 가지고 곁에 왔다. 함께 매달려 파도를 타자니 절로 큰소리로 웃음이 터져 나왔다.

섬에서 다시 육지로 배가 나가는 시간이 2시 30분과 4시 30분에 있는데, 가족은 앞의 배로 먼저 출발하자는 걸 나는 조금이라도 더 있고 싶은 마음에 2시간 뒤의 배로 나가자고 했다. 이제 한 시간 반 정도밖에 놀지 못했는데…. 언제 이곳에 또 오겠는가. 산호섬에서의 이 시간이 다시는 오지 않을 순간임을 알기에 즐거운 시간을 포기하고 싶지 않아 바다로 또다시 들어갔다. 파도가 밀려올 때마다 몸을 살짝 위로 들어 물살에 맡겼다. 두둥실 떠오른 내 몸을 잠시 밀었다가 사르르 내려놓았다.

나갈 시간이 가까워지면서 배를 타는 곳에 사람들이 모여들기 시작했다. 우리도 부지런히 짐을 챙겨 가지고 갔지만, 사람들이 줄을 서지 않아 점점 불안해지기 시작했다. 수영복을 입은 채 그 위에 반바지와 타월을 걸치고 배를 기다렸다. 배가 저 쪽에서 서서히 다가오자 사람들이 우루루 몰려들었다. 배가 정박할 틈도 없이 사람들이 배로 달려가서 오르기 시작했다. 치열한 싸움이었다. 우리 가족은 멍하니 바라만 보고 그 대열에 낄 엄두를 내지 못했다. 키가 큰 서양인들의 무법을 도저히 이겨낼 수가 없었다.

포기하고 있으니 앞에 있던 사람들은 모두 배에 오르고, 자연히 우리가 제일 앞자리에 있게 되었다. 다음에는 당연히 첫 번째로 배에 오를 수 있으리라 기대했다. 그런데 다음 배가 오자 뒤에 있던 서양 사람들이 우리들을 제치고 달려가서 먼저 배에 올랐다. 우리 가족은 또 밀렸다. 어쩌다 보니 떠나는 배 끝에 우리 가족 세 명이 매달려 있었다. 아슬아슬하게 사다리 끝을 붙잡고 있던 딸과 손녀 2명이 어서 배 위로 올라서기를 빌었다.

남은 다섯 사람은 점점 불안해졌다. 허리까지 잠긴 물속에서 가방을 목에 걸고 다음 배를 또 기다렸다. 언제나 덩치가 큰 사람들에게 밀려날 수밖에 없는 상황에서 배에 오른다는 것은 아비규환이었다. 어쩌다 보니 10살 된 손자가 맨 먼저 배 위에 올랐다. 신기하다는 느낌도 잠시 가방과 옷 보따리를 손자에게 던졌다. 두려움과 공포가 가득한 얼굴로 가족을 찾던 손자는 넘어온 물건을 집었다. 사다리 가까이 가기 위해 밀치는 사람들에게 밀리다가 보니 우연히 사다리 근처에 가게 되었고, 아들이 사다리를 잡은 후 내가 먼저 오를 수 있도록 다른 사람들을 막아 주었다. 내가 배에 오른 후 아들이 올랐다. 남편을 찾으니 그제야 배로 다가오고 있었다. 우리 가족이 모두 오른 것을 확인하자 남편은 사다리가 아닌 곳을 그냥 오르려고 배에 매달렸다. 아들과 내가 남편의 양손을 잡고 끌어올리려고 안간힘을 썼지만, 남편을 배위로 끌어올리기에는 역부족이었다. 배가 서서히 움직이는데 우리 손을 잡은 남편이 대롱대롱 매달려 있어 금방이라도 손을 놓치면 바닷물에 풍덩 빠지고 말 것처럼 위태로웠다. 그러나 다행히도 그때 배를 정리하던 사람이 도와주어서 남편도 무사히 배에 오를 수 있었다. 우리 가족 다섯 사람은 피난길에서 만난 듯 반가웠다.

안도의 숨을 내쉬며 지하층으로 내려가서 자리에 앉은 뒤 가방을 열어보니 지폐가 젖어 있었다. 우선 지폐를 책 사이에 한 장 한 장 끼웠다. 남편은 8·15해방 직전 만주에서 올 때도 이런 난리를 겪었다는 말을 했다. 산호섬에서 배를 타려고 소동을 치른 것은 소중한 체험이었다. 배에 오르느냐 오르지 못하느냐는 총성 없는 전쟁이었다.

산호섬에서 물놀이는 정말 즐거웠지만 돌아가는 길은 마치 피난길 같았는데 아마도 전쟁을 겪어보지 못한 우리 아이들과 손자 손녀들에게는 처음으로 경험해 보는 동란이었을 것이다. 그 바람에 산호섬에서의 행복했던 추억마저 잠시 잊었다. 빛과 그림자가 공존하듯 즐거움과 고통도 함께 있음을 가르쳐 준 산호섬이었다.

하나님의 미소

3월인데도 날씨가 쌀쌀하다. 서울역에 있는 노숙자에게 점심 식사를 봉사하러 가는 버스에 올랐다. 지난달보다 참가자가 많아서 버스 안의 분위기는 화기애애했다. 동행하기로 했던 목사님이 다른 사역 때문에 가지 못함을 알리면서 한 말씀하셨다.

"늘 해오시던 여러분들의 봉사를 잘 알고 있습니다. 길에서 지내는 분들에게 한끼의 식사를 건너는 가운데에 하나님의 미소를 전하시기 바랍니다. 우리의 조그만 정성을 하나님은 크게 축복하십니다."

오랫동안 믿음의 생활을 했지만 '하나님의 미소'라는 말을 처음 들었다. 그 순간 어떻게 하는 것이 하나님의 미소일까. 의문으로 남은 채, 우선 미소를 전하기 위해 오늘의 식사를 겸손한 마음으로 잘 드려야겠다고 생각했다.

부활절 선물을 위해 몇몇 권사님들이 후원하신 떡, 음료수, 초코파이를 한 봉지에 넣는 작업을 했다. 550개의 봉지를 만드는데 한 노숙자가 내 옆에 와서 음료수를 먼저 달라고 내 팔을 잡았다. 그 순간 나도 모르게 더럽다는 생각에 몸을 피했다. 그는 예배시간이면 항상 제멋대로 행동을 해서 말썽을 부리는 사람이었다. 뿐만 아니라 남자인지 여자인지 구분도 되지 않으며, 세수와 목욕을 한 번도 하지 않았는지 머리부터 발끝까지 더러워서 옆에 스치면 냄새가 나고, 정신이 정상이 아니라 두려운 사람이었다.

김치, 돼지고기볶음, 오징어젓, 밥, 국 등을 순서대로 나열하는 동안 홍권사님이 내게 수저를 먼저 드리라고 했다. 수저봉지를 받으면서 '하나님의 미소'라는 말씀을 떠올렸다. 우선 마음을 가다듬고 그들에게 수저를 한 개씩 꺼내어 정성스럽게 전했다. 그러자 조금 전 음료수를 먼저 달라고 내 팔을 잡았던 노숙자를 겁내고, 그 손을 다정하게 잡지 못했다는 후회가 밀려왔다. 마음으로는 봉사한다고 하면서도 실제로 나는 여전히 그들에게 따뜻한 이웃이 되지 못하는 겉치레 봉사를 하고 있었다. 오늘의 점심식사 봉사를 끝내고 돌아오는 버스에서 '하나님의 미소'가 내 마음에서 떠나지 않는 가운데, 그 이전에 내 자신이 먼저 변해야 한다는 숙제를 안고 돌아왔다.

4.

사계를 다잡는 길

유해 없는 무덤

찬바람이 뼛속을 파고들듯 날카로웠다. 그 속에서 백제문화 유적을 돌아보는 일정이 끝나자, 사람들은 서둘러 버스에 올랐다. 이제 서울로 돌아가는 일만 남았다는 안도감에 젖어 의자에 등을 기대고 눈을 감았다. 안내자가 의자왕의 무덤 하나를 더 보아야 한다고 말했지만, 사람들은 그대로 눌러 앉은 채 아무도 움직이려는 기미를 보이지 않았다.

그러나 의자왕의 무덤이라는 말이 나를 사로잡았다. 언제인가 신문에서 보았던 '1,300년만의 恨 많은 귀국'이라는 기사의 내용이 떠올랐기 때문이다. 백제가 멸망한 뒤 중국으로 끌려가 그곳에서 숨을 거둔 의자왕과 왕자 부여융, 그 비운의 넋을 기리기 위한 작업이 한창이라는 내용이었다. 중국 허난성(河南) 뤄양(洛陽)시 북망산에 있는 부여융의 묘 주변에서 가져온 흙 40kg을 바탕 삼아 충청남도 부여군 능산리 고분군에 가묘(假墓)와 제단(祭壇)을 설치한다고 했는데 이제야 그 작업이 완성되었나 보다.

안내자는 뒤도 돌아보지 않고 아늑한 숲길을 향하여 잽싸게 발걸음을 옮겼다. 숨차게 뒤쫓아 가다가 멈추고 보니 소박하게 다듬어진 봉분 두 개가 눈앞에 나타났다. 무덤은 방금 손질을 마친 듯한 잔디로 덮여 있을 뿐, 주변에는 흔해빠진 묘비도 하나 없어 세월의 무게란 어디서도 찾아볼 수 없었다.

한숨을 돌리자, 안내자는 설명을 시작했다. "31대 의자왕은 우리에게 알려진 것처럼 방탕한 임금이 아니었습니다. 무왕의 맏아들로, 효성이 지극하고 형제애가 깊어 일찍이 '해동증자'라는 칭호를 받았던 분이며, 신라의 대야성을 비롯하여 40여 개의 성을 빼앗은 용감한 분이었습니다…." 그 말을 듣는 순간, 나는 한동안 머리가 멍해짐을 깨달았다. 백제가 망한 원인은 의자왕이 향락에 빠져서 국사를 소홀히 했기 때문이었다고 배웠기 때문이다.

다시 안내자 쪽을 향하니, "의자왕은 아들과 신하와 함께 당나라에 끌려가 온갖 모욕을 당하다가 화병으로 4개월 만에 숨을 거두었다."는 말이 들렸다. 적국의 땅에서 죽어 시신을 찾을 수 없었던 왕, 나라를 잃었기에 온갖 수모를 겪어야 했던 왕이었는데 이제야 그의 무덤이 만들어졌구나. 아들의 묘 주변에서 거두어진 흙 40kg으로 시신을 대신한 무덤이라서 국왕의 유택 치고는 너무나 초라할 뿐이었다.

평화로운 시절에 운명한 국왕의 무덤이었다면 그 모습이 전혀 달랐을 것이다. 그 당시 죽음은 죽음 자체로 끝나지 않았던 시대였다. 죽은 자가 산 사람의 길흉화복을 좌우할 수 있다고 믿었기 때문에, 죽은 자의 넋을 위로하기 위해 묘지 조성에 많은 힘을 기울였다.

조금 전에 돌아본 백제 제25대 무녕왕릉이 그러한 모습을 잘 보여 주었다. 연꽃 모양을 새겨 구운 벽돌로 쌓은 묘실 안에는 극락세계와 같은 불교적 내세관을 나타내는 그림이 그려져 있고, 속세에서 향유했던 유물도 108종 2,096점이 매지권(賣地卷)과 함께 묻혀 있었다고 한다. 무녕왕은 그야말로 살아서도 권력을 누렸고, 죽어서도 영화를 누린 왕이다.

의자왕을 굴복시킨 신라의 무열왕의 릉도 세월과 함께 보낸 솔숲에 둘러싸여 있다. 오른쪽 어귀에 있는 돌거북이 발걸음을 잡는다. 힘차게 구부린 네 발가락과 정면으로 향한 머리가 무열왕을 지키는 듯 생동적이고, 그 위에 세워진 비석에는 '太宗武烈王之碑'라는 글자가 뚜렷하다. 이처럼 이긴 자는 죽어도 당당한 모습으로 천년이 넘는 세월을 버텨오지 않았던가.

동작동 국군묘지에는 6·25전쟁에 희생된 유해 없는 무덤이 많다. 그러나 그곳의 모든 무덤에는 명예로운 이름이 붙어 있다. 이들에 비하여 당나라에서 죽은 의자왕은 그를 지켜주거나 변호해 줄 신하도 왕자도 모두 함께 죽는 바람에 세상의 억측과 누명을 뒤집어 쓸 수밖에 없었을 것이다. 결국 의자왕은 역사적으로 근거 없는 허물을 뒤집어 쓴 채 지금까지 방치된 임금이었다.

그런 왕이 이제 유해 없는 무덤으로 우리 앞에 다시 돌아왔다. 무녕왕 무덤 속에 묻혔던 찬란한 유물이, 죽은 후까지 연장된 생전의 영화를 나타낸다면, 의자왕의 빈 무덤은 1,300년 동안 잊었던 원혼의 회한을 상기시켜주는 동시에, 잘못된 나의 역사지식을 바로 잡아주는 계기가 되었으니 그나마 고마운 일이다.

다시 한 번 돌아보니 의자왕의 빈 무덤 주변에는 파헤쳐진 흙덩이가 여기저기 불거져 있다. 저녁 노을을 담뿍 받고 있는 봉분은 무거운 침묵을 지킬 뿐이다. 인도인들은 어디서 무엇을 하며 살았건, 그 사람의 시신이 화장되어 바라나시 성지의 갠지스 강에 도달해야 현세의 삶이 끝난다고 믿는다는데, 의자왕은 빈 무덤으로 자신의 삶이 끝났음을 우리에게 일깨워 주고 있는 듯하다. 누군가가 잘못된 역사를 바로 잡아 묘비라도 하나 세워 준다면 좋으련만…. 돌아서는 내 발걸음이 어쩐지 무겁기만 했다.

황금소로에서 만난 카프카

어젯밤 카렐다리 위에서 프라하 성의 야경을 바라보았다. 프라하는 블타바 강 양 언덕을 따라 1천여 년의 역사를 안고 형성된 도시였다. 강 건너 언덕에 있는 프라하 성 앞에서 본 시가지는 신비롭게 보였다. 프라하 성은 조명의 영향으로 아름다운 자태를 더욱 은은하게 발하고 있었다. 바로 옆에 붙어있는 고딕양식의 聖비투스성당과 어울려 환상적인 세계를 연출하고 있었다.

이튿날 아침에 다시 찾은 프라하 성과 聖비투스성당은 관광객에게 새로운 모습을 보여 주었다. 많은 사람들 사이를 비집고 카렐다리에 세운 조각상들을 보면서 걸었다. 인도로만 사용되는 다리 위에는 거리의 화가와 악사들이 눈길을 끄는가 하면 화가들은 손님을 부르고 있었다.

프라하 성과 聖비투스성당을 보고, 프라하 성 옆으로 난 좁은 골목길로 들어섰다. 이 골목길에는 원래 프라하 성을 지키는 병사들의 막사(幕舍)들이 있었는데, 16세기 후반에 들어서면서 루돌프 2세가 황금을 만들기 위해 연금술사를 데려와 머물게 하면서 황금소로라는 이름이 생겼다고 한다.

오늘날 아름다운 관광명소로 알려진 황금소로는 기념품이나 선물용품을 파는 상가들이 집합된 곳이었다. 1층의 조그만 가게들을 둘러보는데 파란 색의 가게에서 '카프카'라는 상호에 정신이 번쩍 들었다. '카프카'상점은 22번 상가임을 확인해 놓고 2층으로 올라갔다. 2층에는 갑옷, 창살, 투구, 왕과 왕후의 옷이 전시되어 있었다. 3층에는 칼과 무기, 방패와 창, 투구, 총들, 소가죽으로 된 갑옷과 중세의 고문도구들이 진열되어 있었다.

주어진 시간에 맞추기 위해 2층과 3층을 대충 둘러보고 1층으로 내려와 '22번 카프카' 가게로 들어섰다. 책과 엽서를 파는 2평 남짓한 조그만 공간이었다. 무엇보다도 젊은 날 카프카의 날카롭고 지성적인 모습의 사진이 익숙하게 들어왔다. 대학 시절에 읽었던 카프카의 소설 「성(城)」에서 보았던 얼굴임을 확인함과 동시에 그때 읽기 힘들었던 소설로 기억된 작가 카프카였다.

주인공 K측량사가 왜 성으로 가는지, 계속 읽어도 의문은 풀리지 않았었다. 측량사 K는 가는 길에 누구를 만나고, 또 가다가 어떤 사람을 만나고…. 이야기는 지루하고 재미없었다. 주인공이 끝내 성에 도달하지 못하는 것이 작품의 결말이었다. 문학사에서 위대한 작품으로 알려졌음에도 불구하고 권태롭기만 한 소설 「성」은 인간이 자신의 목표에 가려고 애쓰지만, 측량사 K처럼 도달하지 못한다. 이것이 사르트르보다 앞서 실존주의를 뜻하는 작품이라는 평에 수긍하고 「성」을 최초의 실존주의 작품이라는 지식으로 기억했었다. 그러고 보니 여기 22번 상점이 실존주의를 탄생시킨 공간이구나 하는 생각이 들었지만 너무나 초라하고 좁은 공간이었다.

1916년 11월부터 1917년 5월까지 여동생이 마련해준 집필실(22번 상가)에서 매일 글을 쓰고 밤늦게 자신의 하숙집으로 돌아갔다고 한다. 프라하에서 일평생을 살면서, 카프카에게 강 건너 언덕에 있는 프라하 성은 매일 지나다녔던 산책길이었으며 소설의 무대였다. 바로 22번 상점에서 실존주의가 싹이 텄다고 생각하니 내 가슴이 벅차고 두근거려 무심히 지나치는 관광객들을 붙들고 가르쳐 주고 싶었다.

오랫동안 베스트셀러에 올랐던 파울로 코엘료의 「연금술사」를 지난해에 읽었다. 사람들이 좋아할 만큼 재미있고 호기심을 계속 유발시키는 작품이었다. 주인공 양치기인 '산티아고'는 아버지가 준 스페인 금화 3개로 양을 사 가지고 여행을 떠난다. 어느 날 꿈에 이집트의 피라미드에 가면 숨겨진 보물이 있다는 말을 듣고 피라미드를 목표로 떠난다. 가는 길에 노인을 만나 '자아의 신화'를 이룰 수 있는 방법을 듣는다. 또 다시 출발해서 아프리카에 도착해서 카페에서 젊은이를 만난다. 피라미드로 가기 위한 낙타 두 마리를 산다고 돈을 주었다가 돈을 전부 잃는다. 할 수 없이 '산티아고'는 크리스탈 가게에 점원으로 취직하여 11달 9일 동안 번 돈으로 많은 양을 가지고 보물이 있는 곳으로 떠난다. 가는 도중에 영국인을 만나고, 사막에서 처녀 파티마를 만나고, 연금술사를 만난다. 이제 이틀 있으면 피라미드에 도착할 즈음에 연금술사와 산티아고는 군대주둔지로 끌려간다. 결국 피라미드에 이르지 못하고 바람으로 변해버렸다는 아랍인 전설의 주인공으로 남는다.

「연금술사」를 읽고 나자, 자신의 목표에 도달하지 못한다는 점에서 산티아고는 측량사 K와 같았다. 몇 십 년을 사이로 지루하게 읽었던 카프카의 「성」보다 달콤한 서술로 독자를 유혹하는 「연금술사」, 어떤 금속이던 금으로 바꾸어 놓을 수 있는 연금술사를 빌려 목표인 피라미드로 이끈다. 그야말로 말의 연금술사였다. 문학을 전공하기 위해 며칠 동안 애쓰며 읽었던 「성(城)」이 오늘날 「연금술사」로 변장하여 독자에게 다가온 것이었다. 카프카가 「성」을 발표할 당시 1930년대는 어떤 반응을 불렀을까. 아마 시대를 앞서 내다볼 줄 아는 철학자나 문학비평가만이 그 뜻을 이해했으리라. 가끔 삶이 힘들고 지루할 때, 성(城)의 주인공 측량사 K를 떠올리며 존재의 의미를 더듬곤 했었다. 막연하게 문학도로써 보아야한다는 의무감에서 읽었지만, 오랜 세월 동안 측량사 K는 삶의 의미를 반추하게 했다. 하지만, '산티아고'는 얼마큼 가슴에 머물지 의문스럽다. 카프카가 고뇌하며 창조한 「성」만큼 마음에 남아있지 못할 것 같다. 일찍이 낯익었던 측량사 K를 집필실 22번에서 만나는 행운에 혼자 설레며 오래 있었다. 동행인들을 쫓아야 하기에 아쉬움을 안고 황금소로를 빠져 나왔다. 카프카를 통하여 실존주의의 싹을 틔운 곳이 볼품없는 조그만 22번 가게라는 사실에 내 마음이 쓸쓸했다. 하지만 나는 인간과 삶에 대한 끝없는 절망을 문학으로 승화시킨 곳이라고 믿고 싶었다.

향기로운 말

자연을 사랑하는 '문학의 집・서울'의 초청으로 피천득 선생님이 '내 문학의 뿌리'라는 주제로 강연했다. 92세의 노령에도 불구하고, 더운 여름에 넥타이를 맨 정장차림으로 예의를 갖추셨다. 자그마한 체구에도 목소리는 크게 울렸다.

보통 때보다 많은 문인들과 문학 지망생, 시민들이 모여 성황을 이룬 강의실은 왠지 엄숙한 분위기였다. 그것은 세상의 물결에 휩쓸리지 않고 자신만의 삶을 고집하며 살아온 92세 소년의 모습에 대한 반응인 것 같았다. 그의 입에서 나오는 말은 어떤 말이든 청중들에게 머리를 끄덕이게 했다. 철학적인 말도 교훈적인 말도 아니었다.

그 분의 집에 다녀온 사람이 말했다. 아파트에 들어서면 책 이외에는 가구도 살림도 없이 소박한 분위기라고 했다. 책도 조그만 책장에 있는 몇 십 권 정도일 뿐이며, 늙음에 모든 것을 정리하고 꼭 필요한 것만 가지고 사는 모습이 귀하게 보였다고 했다. 그 모습이 존경스러웠고, 수정처럼 맑은 인품으로 마음에 감동을 주었다. 그렇지만 보통 사람들이 그렇게 살면 가난한 사람으로 또는 불쌍하게 보였을 것이다.

선생님은 강연에서 '문학은 금싸라기를 고르듯이 선택된 생활 경험의 표현'이라고 말했다. 그는 '사상이나 표현기교는 시대에 따라 변천이 있으나 문학의 본질은 언제나 정(情)'이라며 '문학에 있어서 정의 극치는 아무래도 연정(戀情)'이라고 강조했다. 그리고 자신이 살아온 삶을 고백했다.

"나는 굶더라도 불의와 부정과는 타협하지 않았다." 하지만 "일본에 저항하지 못한 것이 부끄럽다. 찬양하지는 않았다. 앞잡이 노릇도 하지 않아 떳떳하다."라고 조심스럽게 말하는 순간 강연장은 물을 끼얹은 듯 조용했다. 마술사가 손을 펼치면 꽃이 나오듯이 선생님의 말씀은 맑은 향기로 나왔다.

「인연」이라는 수필로 알려진 피 선생님, 많은 글을 발표하지 않고 조용하게 살아오신 것이 늙음을 귀한 모습으로 만들었다. 으레 늙음은 표면적인 모습으로 주름진 얼굴이나 굽은 등으로 나타나는데, 피 선생님은 외모와는 무관하게 내면에 품고 있던 것이 밖으로 분출되고 있었다. 피 선생님의 모습은 일상적인 기준을 떠나 고귀한 품위를 드러냈고, 그것이 늙음에 대한 새로운 소망을 주었다.

불의와 부정과 타협하지 않고, 평생 책을 벗하며 살아온 소박한 삶이었다. 가장 번잡한 도시에 살면서도, 세상의 물결을 초월하여 욕심을 버리고 소신대로 산 것이 우리들에게 귀한 모습으로 드러났다. 모두 부러워하는 표정이었다. 그처럼 청정한 모습으로 늙으려면 많은 것을 버려야 될 것 같다.

선생님과 같은 문인이 있다는 것은 자랑스러운 일이었다. 과거 역사에 부끄러움을 고백하며, 노령에도 깨끗한 모습으로 말씀하시는 것이 특별히 감동을 주었다. 마음을 다스리기 위해 모든 물질을 정리하고 단조롭게 사시는 모범적인 삶을 실행한 결과였다. 그래서 그의 말에는 향기가 자연스럽게 숨겨져 있었다.

칠순을 기념하는 동창회

1년 중에 가장 아름다운 달 5월은 국문과 동창회도 있어서 더욱 마음을 달뜨게 하는 계절입니다. 어린이날, 어버이날, 스승의 날 등 이름이 붙은 날이 많지만, 우리에게도 오늘은 젊었던 시절에 이화 캠퍼스에서 꿈을 꾸며 함께 배웠던 국문과 동창이라는 인연으로 만나는 날입니다. 미래를 향하여 방황과 번뇌 사이를 오가며 살았던 그 시절이 있기에 우리는 오늘 이 자리에 초대를 받았습니다.

사실 오늘 이 자리에 서야할 사람은 제가 아니고, 국문과 16기를 위하여 열심히 일했던 친구입니다. 그 친구가 국문과 동창회장으로 있을 때, 이화대학 발전기금으로 국문과에 배당된 1억 원을 마련하느라고 무척 고생을 했습니다. 그 친구는 지금 황홀한 꿈을 꾸고 있습니다.

오늘 칠순이라는 이름으로 동창회에 오니, 지나간 세월이 참으로 아득하게 생각됩니다. 그 당시에는 칠순에 동창회에 참석하리라고는 전혀 꿈도 꾸지 못했습니다. 같은 전공강의를 들으며 즐겁게 이야기를 나누었던 친구들, 그리고 선배와 후배들을 보게 되는 기쁨을 가지게 되었습니다. 보금자리를 떠나 미래로 향한 세월은 예상할 수 없었던 변화에 불안을 안고 살아야했습니다. 그래도 국문과에서 자란 우리들은 세파를 이겨내며 삶의 의미를 찾으려고 힘쓰며 살았다고 자부합니다. 그 결과 지금 우리는 평화로운 모습으로 만났습니다.

오랜만에 학교를 찾았더니 너무나 변한 모습에 황당했습니다. 이화 다리를 건너면 보이던 대강당 건물만이 우리에게 낯설음을 위로해 주었습니다. 빽빽하게 들어선 새로운 건물들에 숨이 막히고 어디로 가야 국문과가 있는지 모르겠습니다.

옛날 도서관 건물은 오랜 세월에 낡아 간호학부 건물이 되었고, 그 건물 앞에 있는 조그만 잔디 위에는 창립자 스크랜톤 여사의 흉상이 그대로 있었습니다. 그 당시에는 무심했던 그 흉상이 우리들의 배움터였음을 확인해 주었습니다.

국문과 수업이 있던 학관 옆, 길을 건너면 푸른 숲이 있었습니다. 뜻밖에 휴강 시간이 주어지는 날, 친구들과 그 숲으로 가면 숲 어디에선가 연세대 남학생들의 노래가 오페라 가수처럼 우렁차게 들려 왔습니다.

책이 없던 시대라 선생님의 강의를 노트에 받아썼습니다. K여교수님이 문장론 첫시간에 일본의 작가 '이또오세이(伊藤整)'의 「미인에 관한 12장」을 근거로 미인이 되는 법을 들려주셨던 기억이 남아 있습니다. "책을 많이 읽어라" 책을 읽으면 눈에서 빛이 난다. 다음은 눈, 코, 입이 서로 조화를 이루고 제 자리를 잡는다고 말했습니다. 그때는 믿기지 않았습니다. 그러나 작년 후배의 딸 결혼식에서 젊었을 때 못생겼던 분이 너무 우아한 모습으로 변했음을 보고 깜짝 놀랐습니다. 그래서 50년 전 K여교수님이 말한 이또오세이의 말이 옳구나. 평생 책을 읽으며 가꾼 삶이 성형보다 더욱 품위있는 아름다운 모습을 보여 주었습니다.

아침에 동창회에 오려니 1960년대 김승옥의 소설 「무진기행」이 떠올랐습니다. 무진은 안개만 있고 특별한 곳이 아닙니다. 하지만 주인공은 삶에 어려움이나 승진과 같이 변화가 있을 때면 찾아갑니다. 이제 우리도 마음이 어수선할 때면 이화동산을 찾아야겠다는 생각이 일어났습니다.

이대 국문과를 졸업한 동창생이라는 이름으로 오늘 선후배가 함께 손에 손을 잡고 즐거운 시간이 되기를 바랍니다. 우리들의 소중한 인연과 더불어 우리들의 존재를 확인하는 시간이 되었으면 합니다. 5월의 신부가 되기를 희망하는 처녀들처럼 우리는 5월이면 동창회에 초대받기를 기대하고 싶습니다. 그리고 이 초대가 얼마나 복된 것인가를 확인하는 모임이었으면 좋겠습니다.

성인봉을 그리며

울릉도에 가는 친구들을 따라 나섰다. 육지와 뚝 떨어져 있는 울릉도에는 무언가 모르게 신비한 것이 있지 않을까 막연히 추측했다.

아침 10시 묵호항에서 출항하는 배 카타마란호에 오르자 육지가 점점 멀어져 갔다. 쾌청한 날씨라 창밖으로 아름다운 바다를 한없이 내다보았다. 파란 하늘과 검푸른 바다가 닿는 경계선만을 드러낼 뿐 망망했다. 보길도로 가던 남해 바다에 푸른 숲의 섬들이 아름답게 수놓았던 것처럼 동해도 그럴 것으로 생각했었다.

도동항에 배가 닿자, 예약한 여행사 '울릉닷컴'의 안내자가 나와서 우리들을 태우고 해변도로를 달렸다. 지난해 태풍 '매미'가 할퀴고 지나간 자리를 가리키며, 운전자는 10년에 걸쳐 만든 도로를 2년 사용하고, 다시 복구하기에 몇 년이 걸린다면서 한숨지으며 말했다. 임시로 철근과 나무토막으로 만든 울퉁불퉁한 길을 지나느라고 이리저리 흔들리면서도, 운전자는 이 바위는 사자암, 저기 보이는 것은 용두암, 코끼리 바위, 죽암, 삼선암, 관음도 등 계속 설명했다. 운전자가 보라는 바위들에 정신을 쏟다가 해안절벽 위에 있는 '추산일가'에 이르렀다. 앞에는 탁 트인 푸른 바다로 가슴이 시원하고, 뒤에는 낮은 산을 배경으로 앉아있는 부처님이 자애롭다. 마침 바다는 저녁노을에 붉게 물들고 있었다.

이튿날 아침 나리분지에 있는 식당에서 아침식사를 했다. 나리분지는 세계에서 유일하게 분화구에 사람이 사는 마을이며, 화산으로 인한 절묘한 바위와 그 바위에 붙어 있는 나무들로 둘러싸인 '비단처럼 아름다운 마을'이었다. 16세대가 농사로 살고 있었다. 그 마을의 식당주인이 성인봉 트레킹의 길을 친절하게 가르쳐 주었다.

984m 높이의 성인봉이었지만, 출발하는 분지가 해발 400m 정도에 있으므로 우리는 984m 높이를 대수롭지 않게 생각했다. 성인봉에 대한 예비지식도 없이 단지 등산이라는 일정에 맞추어 걸어가는 우리들은 하늘을 가린 숲 속의 길에 매료되어 점점 황홀경에 빠져들기 시작했다. 흥에 취하여 걷다가 우연히 눈에 띈 안내 푯말을 통하여 '투막집'과 '너와집'을 보기도 하고, 원시림을

통과하는 길이라는 사실도 알게 되었다.

사람의 손이 타지 않아 자연 그대로 500년 이상 자란 원시림들은 육지에서는 볼 수 없는 희귀한 나무들, 섬피나무, 섬바디나무, 말오줌나무, 섬국화, 섬노루귀 등 그밖에 이름을 기억할 수 없는 많은 종류의 나무들이 햇빛을 막았다. 햇빛은 나무들 사이 구멍을 뚫고 내려와 연극무대의 조명을 연상시켰고, 맑은 공기는 우리들의 몸을 가볍게 떠올려서 신명나게 했다. 서늘한 기운과 나무향내가 몸 전체에 생기를 불어넣었다. 우리는 원시림 숲에 도취되어 세상을 잊고 몸의 감각이 열리는 희열을 느꼈다.

어디에서인가 성인봉을 안내하는 표지판에 한자로 '聖人峰'이라 표현된 것이 의문을 불러 일으켰다. 산봉우리에 왜 '성인(聖人)'이라는 이름을 달았을까. 그러면서도 숲 속의 길에 홀려서 성인봉 몇 m 남았다는 이정표도 무심하게 지나쳤다. 위치를 알리는 16번 지점부터 길이 가파르더니 나무로 된 층계가 나타났다. 숨이 차고 등에서 땀이 주르르 흘러내리는 데도, 우리들은 원시림길이 좋아서 물을 마시고 쉬면서 천천히 올랐다. 가능한 원시림에 오래 머물고 싶었고, 이곳에 다시 오기란 어려울 것 같았다.

성인봉에 가까워질수록 경사가 심해서 힘들었다. 그곳에 이르자 허무했다. 시계를 보니 10시 33분인데 햇빛은 내리쬐고, 땀을 식힐 만한 나무 한 그루도 없었다. 조그만 돌 앞면에 '聖人

峰'이라는 세 글자만이 새겨져 있고, 뒷면에는 높이 984m, 천연기념물 189호라고만 기록되어 있었다. 오를 때는 그곳에 가면 사방으로 바다를 보며 울릉도 전체를 볼 수 있을 것으로 기대했다. 아무리 둘러보아도 낮은 산봉우리 이외에는 아무 것도 보이지 않고, 오히려 성인봉보다 더 높은 봉우리도 있거니와 성인봉은 오히려 초라한 모습이었다.

성인봉에서 내려오는 길이 완만하여 육체는 편안한 데도 목적지에 도달했다는 기쁨을 맛보지 못한 마음은 무엇을 잃은 듯 허전했다. 마침 쉼터인 팔각정이 보여서 잠시 쉬려고 머물렀다. 갑자기 운해가 밀려오더니 바람이 일기 시작한다. 한 친구가 필리핀에서 발생한 태풍이 올라온다는 뉴스를 어제 저녁 TV에서 보았다고 말한다. 그 말에 우리는 내일 서울로 돌아 갈 수 있을지 걱정하며, 울릉도의 맑은 날씨는 1년에 55일밖에 안 된다는 운전자의 말을 실감했다. 만일 내일 날씨가 고르지 않아 묵호로 갈 수 없다면 포항으로라도 가자고 의논하며 서둘러 내려왔다.

울릉도를 한 바퀴 도는 '해상일주 유람선'을 타려던 오후 일정을 기상변화로 취소하고, 그 대신 약수공원과 독도박물관을 보았다. 다행히도 떠나는 날 아침 바람이 잔잔해져서 유람선 울릉카페리호를 타고 울릉도를 한 바퀴 돌았다. 바다와 육지가 닿는 경계선은 말로 표현할 수 없이 아름다웠다. 형형색색으로 생긴 절묘한 바위를 지나는가 하면, 가끔 몇 집이 옹기종기 모여 있는 마을은 고향을 떠올리고, 해변도로를 달리는 자동차는 기어가는 것 같다.

뱃머리에 앉으니, 갈라지는 물살로 빚어지는 하얀 물거품이 내 안경에 튀어와 물방울로 남는다. 하얀 물거품과 대조적으로 바다는 검다. 얼마나 깊기에 푸르다 못해 바다는 검은 빛으로 보이는가.

묵호로 돌아오는 배 '한겨레호'에서 눈을 감는 순간, 까마득히 잊었던 성인봉이 불현듯 떠오른다. 聖人이라는 이름의 산봉우리를 향하여 걷던 오솔길, 아니 원시림 가운데를 통과하던 길을 다시 돌이켜 보았다. 세찬 비바람을 견디며 살아온 나무들의 생김새를 보지도 않고, 생명을 유지하는 힘의 근원을 알려는 생각도 없이 우리들은 햇빛이 들지 않아 좋다며 신나게 걸었다.

육지에서는 맛볼 수 없는 성스러운 기쁨을 주는 숲이었다. 걸핏하면 지나가는 태풍을 이기며 살아온 나무들이었다. 환경을 탓하지 않고 오랜 세월을 버틴 나무들과 그 나무들이 이루는 신성한 공간에 있는 모든 생물을 조금 더 섬세하게 관찰하고 기록하며 의미를 찾았어야 했는데….

원시림을 지나는 동안 세상의 욕심을 깨끗이 털고 성인봉에 이르면 성인에 가까워진다는 의미가 아닐까. 그곳에서 소망했던 바다를 보여주지 않은 것도 어쩌면 세상 사람들의 욕심을 채워주지 않으려는 것 같다. 유람선에서도 성인봉은 보이지 않았다.

어쩌면 아무 데서나 볼 수 없고, 원시림을 통과한 자에게만 모습을 드러내는 숨은 산인 것 같다.

바다도 보이지 않고 큰 나무 한 그루 없이 내리쪼이는 햇빛을 그대로 받고 있는 성인봉은 표지석이 아니면 사람의 눈에 띄지도 않는다. 찾는 자와 구하는 자에게만 주어진다는 사실을 망각한 채, 나는 바보처럼 원시림에만 매료되어 그냥 오르지 않았던가.

성인봉이라는 목표에 집착한 나머지 거기에 도달하는 과정에 소홀했던 내 삶의 방식을 깨우쳐 주었다. 그러자 성인봉에 또다시 가고 싶다는 생각이 그리움을 일으킨다.

성인봉이 그리움으로 살아 있다.

집들이하던 날

11월 중순인데도 찬바람이 뼛속을 파고들듯 날카로웠다. 며칠 전 가깝게 지내는 지인의 친정오빠가 충북 괴산에 전통한옥을 짓고 집들이한다는 말을 들었다. 전통한옥과 집들이가 보고 싶어 무조건 괴산을 향해 집을 나섰다.

예정시간보다 10분 늦게 도착한 그곳에는 이미 많은 사람들이 와 있었다. 갑자기 추운 날씨 때문에 집들이가 늦어진 것 같았다. 사람들은 한옥 안 넓은 마당에서 모닥불을 쬐고 있었고, 나도 활활 타오르는 장작불로 다가갔다. 오랜만에 보는 그 장작불이 고향처럼 반가웠다. 모닥불에서 불을 쬐는 사람들도 나처럼 도시생활에 허기를 느끼고, 그 허기를 달래려고 찾아 온 것이 아닐까 하는 생각이 들었다.

사그라지는 불길을 살리려고 나무를 조심스럽게 지피는 것을 무심히 바라보는 동안 내 몸도 점점 따뜻해짐을 느꼈다. 모닥불 쪽으로 등을 돌리며 한옥을 두루두루 천천히 보았다. 마당을 가운데 두고 울타리처럼 둘러싸고 있는 건물은 개인 집치고는 규모가 컸고, 마당도 조그만 학교의 운동장같이 넓었다. 사람들은 목조건축의 여기저기를 살펴보는데 주인은 제사상을 준비하고, 몇몇 사람은 마이크장치를 하고 있다.

산으로 둘러싸여 숲 속에 묻힌 듯한 입구 자(ㅁ)모양의 한옥은 평온한 느낌을 주었다. 안채, 사랑채, 부엌, 화장실 등은 따로 독립한 형태로 자리를 차지하고, 부엌에 달려있는 커다란 방은 식당을 겸하여 손님을 맞이하거나 회의실로 이용하는 방 같았다. 화장실은 많은 사람들이 이용할 수 있을 정도로 여러 개였고 수세식이었다.

칠하지 않고 나무의 결을 그대로 살린 이 집은 원래 경상북도와 강원도에서 350여 년 전에 지었던 것을 일 년 반 동안에 걸쳐 해체하고 복원했다고 한다. 경상북도의 한옥을 해체하던 중에 발견된 상량문(上樑文)의 원문과 번역문을 보니, 번역문 끝에 있는 글이 마음에 와 닿는다.

> 바라건대 상량한 뒤에는,
> 솟은 용마루가 길하고,
> 집안이 길하게 다스려질지어다.

거기에 어울리는 복을 받아 영원히 바뀌지 말며,
신령이 위로하여 후손도 다함이 없을 지어다.

승정기원 후병신(서기 1656년) 4월 2일

경주 김수신이 삼가 글을 지음. 갑자생 황기남이 건물을 지음. 기둥은 3월 19일 인시에 세움. 상량은 4월 2일 진시에 함. 신좌을향이다.

목수는 심성옥이며, 김학로, 하성극, 황재청이 도우다.

그 당시 선인들의 맑고 넉넉한 마음과 집을 지은 사람들이 자신의 이름을 밝히는 것으로 책임을 지는 모습이 귀하게 전해진다.

농악대들이 풍물을 치는 소리가 조용한 산 속을 뒤흔들었다. 농악대들의 소리가 점점 가깝게 들려올 때, 주인이 마이크를 잡으며 전라북도 고창에서 올라온 농악대들이라고 소개하면서 집 짓는 순서를 말했다. 집 지을 터를 잘 봐달라고 비는 개토제(開土祭)부터 입택식(入宅式)에 이르기까지 5단계의 통과의례를 설명하고, 오늘은 사람이 집에 들어가는 마지막 단계인 입택식 즉 집들이하는 날이라고 했다.

농악대들은 풍물을 힘차게 치면서 지신(地神)을 밟으며 집 주위를 빙빙 돌았다. 그들은 머리 위에 하얀 꽃과 붉은 꽃을 달고, 꽹과리, 장구, 날라리, 피리, 징, 소고, 북 등을 두드리며 대문 안으로 들어왔다. 몇 사람은 머리 위의 하얀 긴 끈을 돌리며 징을 치는 모습이 분위기를 한층 흥겹게 했다. 그들은 먼저 장독대로 가서 하늘을 찌르는 듯이 우렁차게 악기를 울렸고, 그 다음은 부엌으로 가서 조왕굿을 하고, 거실 마루에서는 성주굿을 했다. 성주굿을 할 때는 주인 부부가 음식을 차려놓은 상에 돈을 놓으며 절을 했다.

농악놀이가 끝나자, 주인은 인사말을 세 가지로 간략하게 말했다. 첫째는 전통한옥이 빨리 없어지는 것을 보전하고 싶었다. 한옥은 자연과 조화된 집이라는 것을 가능한 많은 사람들에게 체험하는 기회를 제공하려고 한다. 둘째는 청정지역인 이곳에서 무공해 농사를 해서 바른 음식문화와 함께 농촌의 경제를 살리고 싶다. 셋째는 한옥 가운데 넓은 마당을 전통예술의 공연장으로 활용함으로써 더불어 사는 즐거움을 맛보고 싶다.

인사말에 이어 판소리 공연이 뒤따랐다. 「흥보가」의 박타령에 흥겨워하던 관객들은 「사철가」에서 "봄은 왔건만은 세상사 쓸쓸하구나. 나도 어제 청춘일러니 오는 백발 한심하구나. 내 청춘도 날 버리고 속절없이 가버렸으니 왔다 갈 줄 아는 봄을 반겨헌들 쓸데 있나. 봄아 왔다가 갈려거든 가거라…"라는 소리에 모두들 숙연한 모습이었다.

이어서 태평무가 있었고 여주인의 살풀이춤이 끝나자 마당에 있던 모든 사람들은 농악대와 어우러져 춤을 추기 시작했다. 누가 먼저 농악대 뒤를 따랐는지 모를 정도로 많은 사람들이 한꺼

번에 나와서 신명나게 춤을 추었다. 해가 저물자 사람들은 모닥불에 취하여 예전에 알았던 사람들처럼 서로 웃으며 농악대와 더불어 신나게 춤추었다. 사람과 사람이 자연스럽게 함께 어우러지는 축제였다.

과학이 발전하지 않았던 때, 생명을 자연에 의지했던 사람들이 소망을 간절히 빌었던 농악굿은 한 마을의 사람들이 어울려 한바탕 축제를 치러야 1년을 평안히 지낼 수 있다는 믿음을 주었다. 그래야 1년 내내 평안하게 농사를 지을 수 있다는 믿음은 얼마나 멋진 실용적인 예술인가.

수학적 사고에만 익숙하게 살아온 우리가 자연과 인간을 화해로 이끄는 농악대의 풍물놀이에 세상을 잊은 채, 옛 사람들이 누렸던 엑스터시(extasy)를 체험한 날이었다. 이것은 삭막한 우리의 영혼에 윤기를 주었다. 도시문명을 이겨내는 한 줄기 빛이었다.

파타야의 밤거리

해가 저물었다. 뜨거웠던 햇볕이 사라지자 파타야(Pattaya) 거리는 살랑거리는 바람으로 시원했다. 손자와 손녀의 봄방학에 맞춰 태국으로 여행을 온 우리 가족은 먼저 3일 동안 방콕에서 문화유적을 관광하고, 산호섬 해변으로 가기 위해 파타야에 온 것이다.

저녁식사를 하려고 밖으로 나왔는데 상가에서 뿜어 나오는 불빛으로 거리는 대낮처럼 밝고 화려했다. 식당을 찾느라고 기웃거리는 곳마다 음료를 마시거나 음식을 먹는 사람들로 가득했다. 모든 상가의 이름들이 영어로 되어있는 데다가 눈에 들어오는 사람들도 대부분 서양 사람들이라 나는 여기가 동양이라는 생각을 잠시 잊을 정도였다. 여자들은 어깨에 실오리 같은 가느다란 끈만 달린 상의를 입어서 등이 전부 다 보이고, 남자들은 반바지를 입고 거리를 거리낌 없이 누볐다. 화려한 조명과 흘러나오는 음악소리에 취하여, 좁은 길을 막은 줄도 모르고 상가의 물건들을 구경하는 사람들 때문에 우리 가족은 그 사이를 뚫고 지나가기가 어려웠다.

손자, 손녀를 쫓아가다가 꽤 나이든 서양남자의 손에 끌려가는 젊은 여인의 어색한 모습이 우연히 눈에 띄었다. 긴 머리는 바람에 나풀거리고 귀고리와 목걸이로 장식한 몸은 화려한데 얼굴표정은 그리 밝지 않았다. 아마 파타야에 놀러온 관광객들에게 안내를 해주고 잠깐 연인도 되어주는 게 아닐까 하는 생각이 들었다. 그렇게 부자연스러워 보이는 사람들이 여기저기 많이 보이면서 순간적으로 환락의 거리로 전락하는 느낌이었다. 그러자 시궁창 냄새가 나는 것 같고 비위도 거슬렸다.

영화에서 보았던 전쟁터의 뒷거리가 연상되었다. 내일이 없는 오늘을 마음껏 즐기며 몽롱하고 질탕한 분위기에 젖었던 사람들. 영화에서 보았던 것과 비슷해 보이는 밤거리를 걷는 중에 갑자기 강진에 유배되었던 정약용이 떠올랐다. 가족도 만나지 못하고 낯선 곳에서 18년이라는 긴 세월 동안 책을 읽고 연구를 하면서 수 백 권의 책을 썼다는 정약용.

지금 이 거리를 걷는 사람들은 어떤 생각을 하는 것일까. 애초부터 이런 분위기를 찾아 돈과 시간을 들여서 여기에 온 것일까. 단순히 저녁식사 할 곳을 찾는 이 거리에서 정약용을 만나리라고는 전혀 예상하지 못했다. 그것은 어두운 밤에 별이 더 빛나는 듯 내가 살아온 길을 밝혀주는 한줄기의 빛이었다.

모험은 생각조차 못하고 철로처럼 정해진 길만을 쫓아 살면서도 나는 때때로 흔들렸다. 수학공식에 맞춘 듯한, 도덕이나 윤리를 따른 길은 즐겁지 않았다. 열정적으로 사는 사람들이 늘 부러웠다. 누군가 모범 답안만 급급하게 쫓는 삶에서는 향기가 나지 않는다고 한 말이 가슴을 울렸다.

자기를 발견하기 위하여 깊은 산 속으로 들어가는 사람이 있는가 하면, 응어리진 한을 풀기 위해서 파타야와 같이 호화찬란한 불빛과 시끄러운 소리로 뒤엉킨 곳으로 오는 사람들도 있을 것이다. TV의 드라마를 통하여 노래방에서 큰소리로 노래를 부르며 몸을 흔드는 사람들을 많이 보았었다. 그렇지만 그 장면은 그 사람의 심정을 간접적으로 표현하려는 연출가의 기법이라고 생각해 버렸었다.

이튿날 산책삼아 해안도로를 따라 선착장까지 걸었다. 아치형의 표지판으로 걷는 길(Walking Street)을 알리는 거리도 통과했다. 모든 상가의 문은 닫혔고, 그 앞에는 쓰레기가 널려 있었다. 쓸쓸한 기운만 감돌았다. 내게는 즐겁지 않았지만, 생기발랄했던 지난밤의 파타야는 어디로 간 것일까.

어디에 가치를 두고 사느냐는 사람마다 다르다. 또한 그 가치를 실현하기 위하여 살아가는 방법도 다르다. 그동안 책을 보는 기쁨에 가치를 두면서도, 한편으로는 주위의 시선에 상관 않고 오직 자신이 선택한 길을 열정적으로 달려가는 사람들을 부러워하곤 했었다. 그런 내게 파타야 밤길은, 책과 더불어 사는 삶이 내 발에 맞는 신처럼 편안하다는 생각을 안겨주었다.

노을이 붉게 물들면 파타야는 아주 다른 모습으로 변한다. 형형색색의 네온사인들이 번쩍거린다. 낮보다 밤이 더욱 화려한 도시 파타야에서 의외로 나는 내가 어디에 있어야 더 기쁘고 편안한지를 알았다.

춥지 않으세요? 사도세자님

하얀 눈이 춤추며 내립니다. 하얀 눈은 온 세상에 골고루 평화를 줍니다. 나이가 들었어도 하얀 눈에 마음이 설렙니다. 지난 여름 융릉에 갔을 때, 해설사가 "생때같은 아들과 젊은 아내를 두고 죽음의 길로 들 수밖에 없었던 사도세자가 눈사람으로 일어나 아들을 향해 손짓을 한다."고 말했습니다.

눈 오는 날을 기다렸습니다. 효성이 지극한 정조 대왕이 아버지를 추존하여 모신 융릉과 그 곁에 자신도 나란히 묻힌 건릉에 가기 위함이었습니다. 하얀 눈을 이불로 덮고 있는 날, 아비와 아들이 서로 그리는 정이 어떤 모습인지 보고 싶었습니다.

추위로 약속이 없어지는 바람에 융릉으로 발길을 돌렸습니다. 눈이 내린 지 며칠 되었지만, 매서운 추위로 하얀 눈이 융릉에는 있으리라 믿고 갔습니다. 대중교통을 이용해서 전철 1호선

병점역에서 내려 2번 출구로 나와 34번 버스를 타고 융릉 앞에서 내렸습니다.

융릉으로 가는 길은 흙길이었고 양쪽에는 키가 큰 소나무가 들어서 있는데 그 밑에는 하얀 눈이 그대로 있었습니다. 날씨가 추운 탓인지 사람은 없었습니다. 찬 공기가 얼굴을 아프게 합니다. 그래도 하얀 이불을 덮고 있는 융릉은 따뜻하리라는 믿음이 걸음을 재촉했습니다.

하얀 눈이 가는 길을 계속 인도했습니다. 드디어 홍살문과 정자각이 모습을 드러냈습니다. 홍살문 가까이 오자 융릉은 눈이 녹아 잔디로 드러났습니다. 그 위를 햇빛이 밝게 비추고 있었습니다. 능을 둘러싸고 있는 울타리를 따라 올라갔습니다. 봉분의 인석 위에는 화강암에 조각된 연꽃봉오리가 있었습니다. 꽃봉오리는 한 세상을 살지 못하고 일찍 떠난 사도세자를 상징하는 것 같았습니다. 능에서 올라온 길을 내려다보았습니다. 흰 눈과 푸른 소나무만 고즈넉한 분위기를 풍겼습니다. 추운 날씨 덕에 융릉에서 사도세자를 홀로 만날 수 있었습니다. 아들 덕에 이곳에 계신 것입니다.

뒤주에 갇혀 억울하게 묻힌 사도세자여! 그 억울함이 당신의 아들 정조를 효자로 그리고 성군으로 만들었습니다. 아들은 죽어서도 아버지를 돌보려고 옆에 건릉에 묻혔습니다. 건릉으로 가는 길은 참나무가 울창한 숲입니다. 떨어진 참나무 잎이 길에

깔려 있습니다. 소나무만이 흰 눈으로 더욱 푸릅니다. 겨울이라 해가 일찍 서쪽으로 넘어가느라 어두워지고 있습니다. 걸어가는데 건릉이 쉽게 모습을 드러내지 않습니다. 저무는 날씨에 마음이 조급해집니다. 그리고 아무도 없는 능 안의 고요가 무서워졌습니다. 그냥 돌아설까 망설이다가 그래도 보고 싶어 갔습니다. 드디어 건릉이 나타났습니다. 앞에서 보니 능이 평평했습니다. 위로 올라가서 보아야하는데 눈이 덮여서 길이 없습니다. 올라가도 컴컴해져서 보기가 어려울 것 같습니다. 외등 하나 없는 능은 고요할 뿐입니다. 할 수 없이 다음에 다시 오리라는 숙제를 안고 그냥 돌아섰습니다.

날은 이미 어두워졌고, 돌아 나오는 길에서 정문이 보이지 않아 길을 잃은 것 같아 두려웠습니다. 저 멀리 들어올 때 보았던 조그만 정문의 불빛이 보였습니다. 구원의 빛 같았습니다. 부지런히 걸어 34번 버스에 탔습니다. 병점역에서 내려 분당선의 종점 망포로 가기 위해 택시를 탔습니다. 망포역에서 전철을 기다렸습니다. 갑자기 허기가 느꼈습니다. 자판기에서 따뜻한 율무차를 뽑아 먹으며 흰 눈이 덮인 융릉을 보지 못한 아쉬움을 달랬습니다. 전철 안에서 흰 눈이 오는 날 다시 찾아 갈 소망을 품었습니다.

기대했던 앞집

남편의 직장 은퇴로 주거지를 분당으로 옮겼다. 새로운 곳으로 이사를 하면서, 앞집과 정답게 살기를 소망했다. 그동안 나는 직장생활로 앞집과 넉넉한 시간을 가지지 못했었다. 이제는 아파트의 두터운 울타리에 구애받지 말고 먼저 정성을 다하여 다가가기를 힘쓰며 살기로 했다.

이사하던 날 저녁 앞집의 벨을 눌렀다. 문을 열어주는 부인에게 바로 앞집으로 왔다는 인사와 함께 팥 시루떡을 전하자, 책이 많은 이삿짐을 보았던지 "선생질을 했었군요?" 하면서 받았다. 그 부인의 태도에 약간 실망했지만, 점차 친밀한 관계로 변화되리라 믿었다.

며칠 후 길에서 만난 그 부인은, 자신은 친척이며 여주인은 중풍으로 아파서 바깥출입을 못하고, 남자분을 아버지로 여기며 변호사였다면서 자랑을 했다. 그제야 이사하던 날 이상했던 의문이 풀리면서 일하는 아주머니라는 사실을 알게 되었다.

엘리베이터 앞에서 마주친 남자 주인에게 인사를 하자, 우리 집이 시끄러우니 양해하라는 말을 했다. 나이가 드셨는데도 아랫사람에게 공손하게 말하시는 모습이 좋은 사람으로 생각되었다. 가끔 산책을 하고 돌아오는 길이나 산책을 하러 나가는 길에서 만날 때면, 딸과 아들에 대하여 자랑하시곤 했다. 주말이면 찾아오는 딸과 아들과 며느리들도 인품이 귀하게 보였다. 어느 날 사모님께 인사드리러 가는 것이 좋겠느냐고 물었을 때, 언제 초대할 터이니 그때 오라고 했다.

산책할 때 지팡이는 몸을 의지하려는 것이 아니라 멋으로 든 것 같았고, 머리에 쓴 모자는 잘 어울려서 멋진 노신사로 보였다. 부인이 아파서 혼자 산책하는 모습이 내게는 철학자처럼 보였다. 하얀 피부의 얼굴에 훤칠한 키를 지닌 노신사가 천천히 걷는 모습은 명상을 하거나 작품을 구상하는 것 같았다. 그렇게 앞집의 신사를 바라보며 시간이 흘렀다.

일하는 아주머니를 만날 때마다 안주인의 안부를 물었다. 그때마다 좋아지고 있다고 해서 어느 날인가 만날 것으로 기대를 했다. 멋진 남편과 좋은 인상의 자식들에 둘러싸여 있는 안주인이 궁금했다.

가까운 친구가 폐암수술하고 항암치료과정에 고통을 겪고 있어서 마음이 아팠고, 딸을 잃어버린 친구의 슬픔에 나도 겨울을 우울하게 보냈다. 꼬집어 말할 수 없는 허무에서 벗어나지 못한 채, 앞집은 잊고 지냈다.

봄이 되었다는데도 날씨는 계속 쌀쌀했고, 나는 집에서 웅크리고 시간을 보내고 있었다. 4월이 되면서 날이 따뜻해졌다. 어느 날 오후 집을 나서는데 경비아저씨가 "앞집 소식 아세요?" 하고 물었다. 의아해 하는 내게 경비 아저씨는 "어제 아침 7시에 할아버지가 돌아가시고, 9시에 할머니가 돌아가셨대요." 했다. 하루에 두 분이 함께 떠나신 것이었다. 그 순간 한 번에 두 분을 잃는 슬픔과 아쉬움에 기운이 쭉 빠졌다. 길을 걸어가면서도 전철 안에서도 나는 믿기지 않았다. 그리고 세상이 온통 빈 것처럼 허무했다.

안주인이 어떻게 생겼는지 한 번도 보지 못한 채 세상을 떠나신 것은 내 게으름인 것 같았다. 조금 더 적극적으로 인사를 가겠다고 했으면 얼굴이라도 보지 않았을까. 어떻게 얼굴을 한 번도 보지 않은 채 헤어졌는가.

이곳으로 이사 올 때부터 앞집과 따뜻한 정을 나누며 잘 살려고 계획했는데…. 의도적으로 아파트의 벽을 허물고 서로가 귀한 존재임을 확인하면서 가깝게 살고 싶은 소망이 헛되게 날아가 버렸다. 결국 인연이란 사람의 노력으로 되는 것이 아닌가 보다.

푸수하다

1945년 8 · 15해방과 동시에 우리나라는 남한과 북한으로 갈라졌다. 황해도에서 살던 외삼촌 일가가 38선을 몰래 넘어 우리 집에 왔다. 몇 달 동안 한 집에 살면서 외사촌 형제들과 싸우며 지냈던 기억이 아득하다. 눈을 감고 이불 속에서 자려고 할 때면, 외숙모와 어머니는 이북에 있는 외할머니와 형제들 그리고 빨갱이들에 관하여 소곤소곤 말했다. 그 이야기 속에 "그 사람 푸수한 사람이야!" 했던 외숙모의 말이 어느 날 불현듯 떠올랐다.

이렇듯 잠재의식에 존재했던 '푸수하다'라는 말이 파문을 일으키며 내 마음에서 떠나지 않는다. 온통 똑똑한 사람들만 가득한 세상에서 나는 엉뚱하게도 푸수한 사람을 그리워하고 있다. 총알이 비 오듯 쏟아지는 전쟁터에서 교회 지붕에 매달린 종을 상상하듯이.

그것이 황해도 말인지 확인하기 위하여 90세인 어머니께 여쭈었다. 짐작한 대로 '푸수하다'라는 말을 듣자마자, 어머니는 생기 가득한 얼굴로 신나게 말씀하셨다. '푸수한 사람'이란 법이 필요 없는 사람, 성질이 순한 사람, 으레 해야 할 말을 하지 않고 참는 사람, 해칠 마음이 전혀 없는 사람 등….

오랫동안 잊혔던 '푸수하다'라는 말이 푸수한 인심으로 번지기를 소망한다.

5.

언어로 쓰는 풍경

소설 「촐라체」를 읽던 날

18대 국회 의원 선거일이다. 날마다 휴일인데도 오늘은 왠지 덤으로 얻은 날처럼 한가하다. 무엇을 할까 망설이다가 박범신의 소설 「촐라체」를 손에 들었다.

프롤로그부터 마음이 끌리기 시작했다. 아버지가 다른 형제 박상민과 하영교가 6,440m 높이의 촐라체 봉우리에 올랐다가 추락한 후 겪게 되는 6박 7일간의 지옥 같은 조난 상황을 베이스캠프에서 지켜본 정 선생이 기록한 소설이었다.

에베레스트에서 바라본 산봉우리의 정교한 묘사에 현혹되다가 주인공들이 피겔로 빙벽을 찍으며 오르는 곳에서는 나도 그들의 뒤를 쫓고 있었다. 갑자기 동생이 낭떠러지로 떨어지며 로프에 매달리게 된 장면에 이르자 숨쉬기조차 어려웠다. 살려면 형 박상민은 로프를 끊어야 했다. 끊을 것인지 아닌지 조심스럽게 지켜보는 순간, 박상민은 칼을 주머니에서 꺼냈지만, 그 칼을 먼 곳으로 던져 버렸다. 그런데도 팽팽해진 로프는 저절로 끊어졌고, 영교는 떨어지면서 형이 끊은 것으로 생각했다.

죽을 고비에서 헤매고 있는 동생을 살리기 위하여 빙벽을 찍으며 내려가던 박상민은 바람에 배낭조차 잃게 된다. 먹을 것도, 마실 물도 없이 오직 동생을 구하겠다는 신념으로 며칠 동안 얼음과 죽을힘을 다하여 싸우는 박상민을 보며 김훈의 소설 「남한산성」이 떠올랐다.

「남한산성」은 청군에게 포위되어, 더 이상의 식량공급과 원군이 없는 상태에서 버텨 내야 하는 힘겨운 과정을 표현한 소설이었다. 추운 겨울에 삶과 죽음, 절망과 희망이 교차하는 성 안에서 이조판서 최명길은 청나라와 화친함으로써 백성의 목숨과 나라를 살리자고 주장하는 반면에 화친은 곧 투항이라며 싸워야 한다고 예조판서 김상헌은 맞선다. 사사건건 대립하는 두 사람의 의견에 왕은 어느 편이 옳은지 결단을 내리지 못하고, 추위에 떨며 겨우 죽으로 연명하는 백성을 걱정할 뿐이었다.

양식은 떨어져 가고, 추위로 손가락 발가락이 얼어 전쟁에 나갈 수 없는 병사가 늘어가는 절박한 상황에서도 두 사람의 대립은 끝이 없었다. 나라를 지킨다는 명목의 말과 글은 어떤 효력도 없이 허공으로 날아가고, 드디어 왕은 삼전도에서 칸 왕에게 세 번 절하고 아홉 번 머리를 조아리는 예를 행하는 굴욕적인 항복으로 전쟁은 끝난다. 끝까지 말로만 싸우던 인물들은, 한 순간의 실수조차 용납되지 않는 아슬아슬한 상황에서 얼음벽에 맞서 한 생명을 구하려 했던 박상민과 대조되었다. 정신적인 이론으로 사는 길과 육체적으로 사는 길이었다.

가혹한 생존의 갈림길에서 신뢰의 끈을 놓지 않고 빙벽을 계속 찍으며 다가가는 모습에 한 순간도 책을 놓을 수가 없었다. 피로를 풀려고 눈을 잠시 창밖으로 돌렸다. 활짝 핀 벚꽃도, 애면글면하는 상민과 영교가 과연 만날 것인가 조마조마한 내 마음을 위로하는 듯했다.

가장 위험한 순간에, 살고 싶다는 본능을 억제하고 칼을 버리는 것은 선을 택한 용기였다. 칼을 가지고 있으면 살기 위해 로프를 끊을 수밖에 없기 때문에 칼을 버린 것이었다. 그 용기가 얼음벽과 싸울 수 있는 강인한 힘과 인내력을 주었고, 또한 생존이라는 목표에 집중하게 했다. 삶과 죽음을 가르는 경계선에서는 동행인에 대한 믿음만이 그들을 생존으로 이끄는 원동력이었다. 그리하여 모든 고난을 이기고 아래로 내려 왔을 때, 그들은 인생을 다시 생각하는 새로운 인간으로 변화되어 있었다.

촐라체에 오르고 조난에서 돌아온 그들을 보면서, 할 수만 있다면 나도 촐라체를 넘는 고통과 희열을 통하여 얻을 수 있는 변화를 경험하고 싶었다. 그래야만 감동이 있는 글을 쓸 수 있다는 생각이 들었다. 컴퓨터 앞에서 반짝거리는 커서를 바라보며 착상을 하려고 아무리 애를 써도 한 줄의 글이 떠오르지 않을 때가 많다. 글 쓰는 길에서 촐라체를 체험하는 것은 무엇일까.

손끝과 발끝의 감각으로 오르내리는 촐라체의 길은, 작가 스스로 에베레스트 산에서 오랜 시간 겪은 고행에서 나온 산물이었다. 고행에서 창조된 글이기에 정신적인 창의력으로 이루어진 작품과 맛이 전혀 달랐다. 주제와 표현방식이 다른 작품이지만, 상상력으로 쓴 글보다 살아 움직이는 육체적인 생생한 묘사에 잠시도 떠날 수가 없었다. 글은 멀고 몸이 더 가까웠다.

오늘 세 인물들이 끝까지 최선을 다하는 모습에 나도 세상을 잊고 함께했다. 이 작품을 읽어나가는 오늘 하루는 흥분과 두려움으로 나 자신이 아니었다. 내가 직접 겪을 수 없는 고통을 작중인물과 동행하며 내 마음도 치유했다. 머리가 맑아지고, 가슴이 벅차도록 충만한 행복감으로 채워진 하루였다. 날마다 똑같이 반복되는 일상과 구별된 오늘이었다. 말과 글로 쉽게 표현할 수 없는 생동적인 묘사에 한 순간도 정신을 놓을 수가 없었다. 그들이 살아 기쁨으로 끝났을 때, 나도 평안한 세계로 돌아왔다. 벼랑 끝에 섰을 때, 과연 나는 죽음을 각오하고 선을 선택할 수 있을까. 삶은 경험이지 이론이 아니었다.

상사화에 홀려서

어떤 수필집에서 상사화라는 제목에 홀려 제일 먼저 읽은 적이 있다. 그때는 상사화라는 꽃이 세상에 존재하는 줄도 몰랐었다. 그 꽃에 얽힌 이야기와 잃어버린 사람을 그리워하는 내용을 읽고 나자, 언제 피고 어디에 가면 상사화를 볼 수 있을까 기회를 기다리고 있던 중이었다.

지난 화요일 등산에 참석하지 않았던 친구가 상사화를 보러 선운사에 갔었다며, 올해 들어서 3월의 벚꽃을 비롯하여 4월의 진달래 9월 상사화에 이르기까지 달마다 꽃을 테마로 하는 여행을 했는데 선운사의 상사화가 최고라고 했다.

그 말을 듣고 있던 우리들은 순식간에 상사화에 매혹되어서, 친구가 참석했던 여행사에 바로 문의했다. 마침 3일 후 금요일에 출발하는 일정과 함께 상사화를 볼 수 있는 마지막 기회라는 사실에 11명 모두 떠나기로 했다.

전북 고창으로 4시간 동안 달리는 버스 안에서 우리들은 소녀 시절 수학여행처럼 창밖의 풍경을 보며 떠들었다. 노랗게 익은 벼가 황금처럼 밝게 빛나고 그 뒤에 있는 낮은 산들은 흐린 날씨로 검은 모습이었다. 먼 곳에 있는 산과 산 사이에 걸친 구름은 한 폭의 산수화를 연상시켰다.

자신도 모르게 숲속에 홀로 피어있는 가냘픈 상사화를 상상하면서, 꽃모양은 수선화를 닮았고, 시들어서 축 늘어진 꽃잎이 곧 떨어질 것 같은 조바심에 젖어 있는 동안 선운사에 도착했다.

선운사 매표소를 통과하자 소나무 밑에 무리지어 있는 빨간 꽃들이 상사화라는 말에 조심스럽게 다가갔다. 꽃을 보는 순간 혼란이 일어났다. 수선화처럼 여린 모습의 꽃이 아니라 오히려 여왕처럼 뽐내고 있었다. 특히 사방으로 뻗은 꽃술이 근접할 수 없는 힘을 내뿜고 있었다. 이름과는 전혀 어울리지 않고 공작이 날개를 펼치듯 우아한 자태였다. 지금까지 상상했던 모습이 도둑맞은 듯 허무했다.

여기에 있는 꽃은 '꽃무릇'이라고 한다. 엄밀히 따지면 상사화와 꽃무릇은 다른 꽃이며 같은 수선화과에 속한다고 하는데, 꽃이 진 다음에 잎이 나는 것과 꽃이나 잎 모양이 거의 비슷하다고 한다. 하지만 상사화는 꽃대가 60~70cm까지 자라며 황색 또는 등황색의 꽃이 달리고 7~8월에 꽃이 핀다. 꽃무릇은 9월에 피고 꽃대가 50~60cm까지 자라며 손바닥만 한 붉은 꽃이 화려하다.

상사화에 혹하여 선운사까지 온 김에 그곳에서 빼놓을 수 없는 도솔암까지 걷기로 했다. 날씨는 흐렸고 가끔 빗방울이 떨어지는데도 도솔암으로 가는 길 나무 밑에서 꽃무릇이 정열적인 빨간빛으로 요염하게 유혹했다. 1년에 10일 정도 짧게 피는 꽃무릇이라 생각하니 가면서 눈에 띄는 대로 보기로 했다.

처음 보자 올해 마지막으로 보는 기회라 생각하니 더 세심하게 보게 된다. 햇빛이 밝게 비추면 빨간 빛이 더 선명하지 않을까를 그리며 걸었다. 도솔암으로 가는 길과 병행하는 개울 건너에는 붉은 빛의 비단을 깔아 놓은 듯 꽃무릇이 펴져 있었고, 물에 비추는 꽃무릇과 위에 있는 푸른 소나무가 어울려 선경(仙境)을 연출했다.

꽃과 잎이 만날 수 없다고 해서 '이룰 수 없는 사랑'으로 상사화라고 이름을 붙였지만, 화려한 꽃모양의 꽃무릇은 슬픈 감정을 불러일으키지 않았다. 아무리 생각해도 꽃무릇에서는 임을 그리워하는 모습을 느낄 수 없었다. 겨울부터 푸른 잎을 내밀어 다음해 가을에 10일 간의 꽃을 피우기 위해 계속 잎을 피워낸다는 꽃무릇의 잎이 어떻게 생겼는지 궁금했다. 그런데도 꽃만 보려고 할 뿐 잎에는 전혀 관심이 없는 듯했다. 그래서 나는 그 잎을 꼭 보아야겠다는 욕심을 마음에 새겼다. 겉으로 드러난 꽃에만 이끌려 그 꽃을 피우기 위한 숨은 공로에 무심한 것은 우리의 삶과 마찬가지라는 생각이 들었다. 언제나 세상은 열매로 평가되고 감탄한다. 열매를 맺는데 도달하기 위해 밑에서 땀을 흘린 자들은 숨겨진다.

최영미 시인도 국내 최대 꽃무릇 군락지로 알려진 선운사 꽃무릇에 대하여 다음과 같이 시를 썼다.

꽃이
피는 건 힘들어도
지는 건 잠깐이더군
골고루 쳐다볼 틈 없이
님 한 번 생각할 틈없이
아주 잠깐이더군

그대가 처음
내 속에 피어날 때처럼
잊은 것 또한 그렇게
순간이면 좋겠네

멀리서 웃는 그대여
산 넘어 가는 그대여

꽃이
지는 건 쉬워도
잊는 건 한참이더군
영영 한참이더군 「선운사에서」 전문

여섯 달 동안에

중국연변대학에 6달 동안 머물렀었다. 9월 2일에 갔는데 10월에 들어서자 추위가 닥쳤다. 나뭇잎이 떨어진 연길시는 뿌연 공기로 회색빛이었다. 아파트의 난방을 석탄으로 하기 때문에 아침이면 굴뚝에서 검은 연기가 나오며 공기가 더욱 탁했다. 혹독한 추위 탓인지 1월과 2월 두 달 동안 도서관은 문을 닫고, 외국인 숙사에 머물던 외국인 교수들도 모두 떠났다. 학교 안이 텅 빈 가운데 남편과 나만이 외국인 숙사 안에서 지냈다.

연변의 생활은 우리나라 1960년대 후반이나 70년대 초와 같았다. 버스와 택시 모두가 난방이 되지 않고, 도서관의 엘리베이터는 평상시에도 아침 8시부터 9시 30분 사이에만 움직였다. 전기를 아끼기 위한 것이었다. 그래도 어느 누구 하나 불평하지 않았다. 하지만 문학 자료가 있는 7층에 걸어올라 가려면 나이가 많은 노년에게는 힘들었다.

3월 들어 날씨가 풀리고 강의가 시작되었다. 아쉽게도 따뜻한 날씨가 붙잡았지만 우리는 돌아와야 했다. 내 나라에 오자 여섯 달 동안의 공백이 나를 어리둥절하게 했다. 우리보다 발전하지 않은 연변과의 문화적 차이가 큰 데다가 한국의 발전이 너무 빠른 속도로 진행되었기 때문이었다.

어느 날 자료를 보기 위해 중앙국립도서관으로 외출을 시도했다. 지하철 3호선 고속버스터미널에서 내려 국립도서관 방향으로 나왔다. 바로 앞에 건축 중이던 성모병원이 완공되어 늠름하게 우뚝 서 있었다. 병원 앞에서 길을 건너 도서관으로 걸어 올라갔다. 역시 그곳에도 신축 중이던 전자도서관이 새롭고 멋진 모습으로 위용을 드러냈다. 전자도서관이 문을 열었는지 알 수 없지만 그 앞을 지나 기존 건물로 들어갔다.

필기도구 이외 가방을 맡기기 위해 사물함이 있는 곳으로 갔다. 그곳에는 아무도 없었다. 신분증을 받고 사물함 열쇠를 주던 청년들이 보이지 않았다. 조금 기다려도 한 사람도 오지 않고 사람들은 곧바로 사물함이 있는 방으로 들어갔다. 나도 그들을 따라 들어갔다. 사람들은 스스로 사물함의 문을 열어서 가방을 넣고 나가곤 했다. 할 수 없이 어떤 청년에게 물었다. 그는 컴퓨터 앞으로 데리고 가서 도서관 이용 카드를 대라고 했다. 이용할 수 있는 사물함 번호는 초록색이고 빨간색은 이미 사용된 사물함이라면서 원하는 사물함의 번호를 입력하라고 한다. 가장 가까운 번호를 입력하자 문이 찰각 열렸다. 가방을 넣고 닫으면 된다고 한다. 기계의 움직임에 따라야하는 나는 신기하기도 하고 급격하게 변하는 세상이 나를 바보로 만드는 것 같았다.

3층에 있는 동북아 자료실에 들어갔다. 목적지인 이곳에 오기까지 나는 계속 어리둥절하며 실수하지 않으려고 긴장했다. 이뿐만이 아니었다. 화요일이면 청계산에 함께 올랐던 친구들이 모두 지팡이를 들어서 놀랐다. 우리 아파트에는 새로 이사 온 사람들이 많아졌는지 아는 사람이 보이지 않아 어리벙벙했다.

중국 연변에서 돌아오니, 새로운 건물이 여기저기에 나타나고, 도서관에 들어가는 방법도 기계로 변했다. 평상시에는 여섯 달이라는 시간에 무심했는데…. 아니면 별로 주의를 기울이지 않은 탓도 있겠지만, 그렇게 외적인 변화와 함께 사회체제도 변해서 놀랐다.

집을 떠났다가 돌아온 내게 시간의 변화를 깨우쳐 준 것은 눈에 보이는 것이었다. 시간은 언제나 똑같이 흐르는데 그 자체로는 알 길이 없다. 그래서 철학자 한스 마이홉은 시간을 자연의 시간과 경험의 시간으로 나누었다. 의식하지 않고 흐르는 시간은 자연적 시간이고, 시간을 의식하고 행한 시간은 경험적 시간으로.

내게 여섯 달이라는 시간은 공간의 변화로 깨달았다. 이곳을 떠났다가 돌아온 사이에 새로운 건물이 많이 나타났다. 그 건물로 인해 내가 없었던 시간이 확인되었다. 공간으로 시간의 변화를, 시간으로 공간의 변화를 무의식적으로 받아들였기 때문에 무심했었다. 일상적인 생활에서 바보가 될 때마다 진정한 원인을 더듬어 본다. 외적인 변화의 속도가 엄청나게 빠르기도 하지만, 연변에서 조선족의 따뜻한 인정에 순화되어 살았던 것이 더 큰 원인으로 작용한 것 같다.

축하합니다

출근 도장을 찍고 자리로 돌아오니 교무실은 조용했다. 모든 선생님들이 수업준비에 몰두하고 있었기 때문이다. 오랫동안 가르쳐 왔는데도 어떤 때는 그 내용이 머리에 쉽게 떠오르지 않는 날이 있다. 오늘도 교과내용을 어떻게 전달해야 할 것인가 번민하는데, 바로 앞에 있는 선생님이 "축하합니다." 하는 소리에 뒤를 돌아다보았다.

축하인사를 받은 사람은 시어머니가 돌아가셔서 며칠 동안 결근했던 선생님이었다. 황당했다. 시어머니가 돌아가신 걸 축하한다는 것이 혼란스러웠지만, 우선은 눈앞에 닥친 수업준비가 더 급했다.

그때의 의문은 깊은 생각의 늪으로 이끌었다. 삶을 끝낸 육체가 흙으로 돌아가는 것을 축하한다고 할 수 있을까. 불교에서의 환생이나 기독교에서의 부활을 생각한다면 죽는 것도 축복일 수 있으리라. 그러나 적어도 내게 있어서 '축하합니다'는 좋은 일에만 쓰는 것으로 생각했었다. 생일을 맞았다든지, 직장에서 승진을 했다든지, 혹은 자식이 대학에 합격한 경우에 어울리는 말이었다.

그 선생님에게 혹시 내가 모르는 축하할 만한 어떤 특별한 의미가 있는 것일까 싶어서 며칠 동안 그분의 행동이나 말을 세심하게 살펴보았다. 하지만 두드러지게 나타나는 점은 없이 단순한 인사말에 불과한 것 같았다.

하루하루를 산다는 것이 한 발짝 한 발짝 죽음에 다가가는 것이라는 사실을 실감하는 나이가 되었다. 그런데도 죽음을 아직도 먼 곳에 있는 것으로만 착각하고 있다. 옛 선비들은 해가 동쪽에서 뜨는 것을 탄생, 서쪽으로 지는 것을 죽음이라고 인식할 만큼 삶과 죽음을 늘 가까이 여기며 살았다. 그것은 자연과 가깝게 지내는 생활에서 비롯된 것 같다.

내 주위에 90세가 넘은 부모님을 모시고 사는 친구들이 있다. 어딘지 모르게 그들의 얼굴에는 그늘이 드리워져 있으며 동창모임이 일찍 끝나는 것을 무척 아쉬워한다. 자신의 늙음도 주체하기 어려운 나이에 부모님 때문에 자기만의 계획을 세울 엄두를 내지 못한다. 자식들을 키우느라고 뒤로 미루어 놓았던 소망을 펼치지도 못한 채 부모님에 대한 무거운 짐에 눌려 있다. 내 삶을 마무리하기 위한 일조차 접어 두어야 한다고 생각하니, 수명이 늘어난다는 사실이 반드시 달갑지만은 않은 일로 여겨진다.

그러자, 오래전 직장동료의 시어머니가 돌아가셨을 때 축하한다고 말했던 것이 떠올랐다. 그 당시 돌아가신 분의 연세가 얼마나 되었는지는 모르지만, 그분이 회복되지 않는 질병으로 오랫동안 고생했다면 죽음이 축복일 수도 있다는 생각이 들었다. 또한 내 친구들의 부모처럼 긴 병으로 자식들에게 힘겨운 짐을 지우며 살다가 세상을 떠났다면, 사실 축하한다는 말이 적절하지는 않지만, 그 자식이 축하를 받을 수도 있겠구나 하는 마음이 되기도 한다.

이렇듯 나 자신도 이제는 죽음을 축하로 받아들일 나이가 되었다. 그동안 나는 무엇을 했는가. 죽음을 기쁘게 받아들일 만큼 맹렬히 살았는가. 처음과 지금이 있을 뿐 중간과정이 떠오르지 않는다면 그것은 잘못 살아온 것이라고, 어떤 철학자가 쓴 것을 읽은 적이 있다. 그렇다. 분명히 나도 잘살지는 못했다. 살아 온 흔적을 아무리 더듬어도, 누구나 살아내는 것들 이외에 무엇을 했는지 뚜렷이 떠오르지 않는다. 열심히, 바쁘게 사는 것을 잘사는 것으로 착각했었나 보다.

'죽는다는 사실을 아는 것이야말로 하나님이 우리에게 준 가장 큰 선물이다.'라는 에너 퀸들린(Anna Quindlen)의 말이 이제야 절실히 느껴진다. 죽음을 축하한다던 그 말의 의미를 무심히 흘려 보내지 않고, 그때부터 가치 있는 삶을 위해 구체적으로 계획을 세워 살았더라면…. 사람은 죽음을 향해 나아가는 존재이거늘, 젊은 날에 가졌던 그 중요한 의문을 그대로 방치했던 것이 후회스럽다.

하나님을 믿지 않는 사람도 다급한 상황에서는 하나님을 찾는 것처럼, 우리는 산 자의 길흉화복이 죽은 자에 의해 어느 정도 좌우된다고 믿는다. 그래서 설과 추석에 지내는 차례 또는 돌아가신 분의 제사 때, 죽은 자의 넋을 위로하며 소망을 빈다. 또한 조상의 삶을 통하여 자신들의 삶을 반추하기도 한다. 이처럼 무의식적으로 죽은 자와 함께 살면서도 우리는 보통 '죽음'이라는 것을 잊고 산다.

하루하루가 소중하게 여겨진다. 이제는 주위에서 일어나는 일들을 예전처럼 무심하게 넘길 수가 없다. 한겨울에 내던져져서 얼어 죽었으리라고 여겼던 화분에서 새파란 싹이 나올 때 그 생명이 주는 신비로움과 기쁨이란! 죽음에서도 삶의 즐거움을 맛볼 수 있는 축복이 있을 것 같다.

자식들이 "축하합니다."라는 말을 듣지 않는 시점에서 내 삶을 마치며, 죽음도 축복임을 자연스럽게 받아들이며 세상 떠나기를 소망할 뿐이다.

이제는 받고 싶습니다

때 아닌 늦더위로 올가을은 따뜻했습니다. 따뜻한 햇볕에 은행나무의 샛노란 잎이 선명한 빛으로 세상을 환하게 밝힙니다. 느티나무들은 벌써 잎을 다 떨어트렸는데 은행나무만이 노랑 잎을 달고 곧게 서 있습니다.

내일부터 비가 온다는 예보에 저 단풍이 다 떨어질 듯해서 마음을 졸였습니다. 드디어 비가 옵니다. 교회로 가는 길은 비에 떨어진 노랑 은행잎이 양탄자를 깔아 놓은 것 같았습니다. 우산을 받고 그 잎들을 밟으며 걸어가는데 어깨에 걸친 가방끈이 자꾸 미끄러집니다. 다른 사람들은 어깨에 가방을 잘 걸치고 다니는데 나는 내려오는 끈을 계속 잡으면서 그 이유를 생각했습니다. 그것은 내 어깨가 다른 사람들보다 좁기 때문입니다.

좁은 어깨가 젊은 날에는 좋은 적이 있었습니다. 좁은 어깨는 한복에 잘 어울리기 때문입니다. 대학을 졸업하고 교사와 대학원 공부를 겸한 적이 있었습니다. 그때 결혼도 해서 임신한 몸으로 대학원 강의를 들어야했습니다. 배부른 몸을 감추기 위하여 한복을 입고 다녔습니다. 모두들 한복이 잘 어울린다고 칭찬해 주었습니다. 그 가운데 한문학을 강의 하시던 '연민(淵民) 이가원(李家源)' 선생님이 한복을 입은 내 모습이 마음에 드셨던 모양입니다. 하얀 얼굴에 고운 한복이 좋게 보이셨던지, 저에게 호 '상아(常娥)'를 주셨습니다. 그때 저는 부끄럽기도 하고 또한 호를 사용할 일이 있으리라고 생각지 않아서 그냥 웃고 지나쳐 버렸습니다.

그리고 몇 십 년 세월이 흘렀습니다. 학교생활을 그만두고 글쓰기를 시작했습니다. 한 편 한 편 쓴 글을 모아 책으로 출간했습니다. 첫 번째 책 출간은 살아온 내 삶의 축소판이었습니다. 내 삶을 다 드러내고 보니, 그 다음 써야할 소재에 빈곤을 느꼈습니다. 어느 날 사막여행을 다녀오고, 사막에 대한 글을 모아 『실크로드의 흔적』이란 책을 발간했습니다. 그때 출판사 발행인이 호가 없느냐고 물었습니다. 호가 있다면 증정하는 사람들에게 이름 앞에 호를 쓰라고 권유했습니다. 까마득하게 잊었던 '연민 이가원' 선생님이 대학원 시절에 주신 호가 떠올랐습니다. 하지만 그 호를 쓰겠다는 허락을 받아야할 선생님이 이 세상에 계시지 않기 때문에 그냥 지나쳤습니다.

세 번 째 책에는 호를 쓰고 싶었습니다. 그러나 선생님이 계시지 않아서 망설이다가 포기했습니다. 그런 호가 오늘 우산을 받고 걸어가는 길에서 자꾸 미끄러지는 가방이 한복의 아름다움으로 받았던 호를 기억나게 했습니다. 노란 은행잎을 천천히 밟으며 대학원 시절로 돌아가서 선생님의 목소리도 돌이켜 보았습니다.

며칠 동안 호를 생각하는 가운데 동아일보(2011년 11월 5일 자)에서 한문학자 연민(淵民) 이가원 선생님을 기념하는 제1회 연민학술상에 고려대 한문학과 심경호 교수가 받게 되었다는 소식을 접했습니다. 오랜 세월 동안 잊혔던 선생님의 업적은 연민학술상으로 세상에 다시 태어났습니다. 저도 왠지 마음이 설레며 잊었던 호를 끄집어내어 제 책에 쓰고 싶어졌습니다.

한복의 아름다움에 반하여 주신 호는 묻혀 있었습니다. 그 호를 사용할 만큼 제 작품이 가치는 없지만…. 부끄러워서 받지 못했던 그 호를 이제는 기쁨으로 받고 싶습니다.

낙타 등에서

낙타에 타라고 한다. 가이드가 가리키는 낙타 등 위에 올라앉았다. 세 번째 낙타의 발걸이에 발을 조심스럽게 얹으며 고삐를 꽉 잡았다. 한 줄로 엮은 낙타 다섯 마리는 몰이꾼 한 사람의 채찍과 호령에 따라 함께 움직였다. 엎드렸던 낙타들은 몰이꾼의 명령에 따라 일어났다. 그 순간만 약간 흔들렸을 뿐, 낙타들은 일어나 천천히 걸었다. 예상했던 것보다 편안했다. 쌍봉 사이에 앉으니, 앞뒤를 지탱해주는 것 같았고, 느린 걸음에 느긋하고 평안했다.

모래썰매장까지 가는가 보다. 모래썰매를 타고 내려오는 사람들이 신나게 보인다. 능선이 아름다운 명사산 중턱까지 올라갔다가 내려올 생각에 어린애처럼 가슴이 두근거렸다. 마침 해가 저무는 때라 나는 낙타 등에서 노을에 물든 명사산과 능선에 취했다. 뒤에서 몽상을 깨우는 방울소리가 울렸다. 그 소리는 옛날에 사막을 건너던 구도자와 대상들을 더듬게 했다.

지금처럼 고속도로가 뚫리기 전, 낙타는 사막의 교통수단이었고 많은 짐을 운반하는 운송수단이었다. 고삐를 쥔 채 낙타를 자세히 살피니, 발바닥은 뜨거운 모래 위를 걸을 수 있을 정도로 두터웠다. 앞과 뒤로 불쑥 솟아 있는 혹은 기름과 물을 저장해서 일주일 동안 먹지 않아도 생존할 수 있다고 한다. 풀을 먹고 살며 털로는 천을 짠다. 등에 있는 혹은 필요할 때 기름을 분해해서 영양을 공급받으니 식량창고였다. 눈과 귀에 붙어있는 많은 털은 모래바람을 막을 수 있다. 가끔 눈을 떴다 감았다 할 때마다 유난히 기다란 속눈썹이 무언가 깊은 생각에 잠긴 듯, 초점이 없는 표정으로 하염없이 서 있는 모습이 연민을 일으킨다. 느릿느릿 걷는 낙타는 아무래도 성질이 유순한 것 같다. 사납고 급하면 황량한 사막의 땅에서 어떻게 살아가겠는가.

먹을 것이라고는 낙타풀(로우타우차우)밖에 없는 건조한 땅에서 살아가는 낙타가 측은했다. 낙타풀조차 가시가 있어 먹으면 입이 피로 물들고, 짐을 가득 실은 낙타는 주인에게 반항도 하지 못한 채 사막을 걸어야 한다. 더운 날씨에 갈증이 나고 몸이 고달파도 어찌할 수 없는 낙타, 그런 고행을 받아들이며 살아야 했던 낙타가 있었기에 실크로드가 열렸고, 동양과 서양의 문물과 문화가 교류되었다. 이런 낙타가 현대문명의 혜택으로 충분

한 사료와 물을 먹으면서, 지금은 관광객을 태우고 하루에 짧은 거리를 고작 몇 번 왔다 갔다 한다.

옛날에 낙타들은 등에 무거운 짐을 지고 주인과 함께 사막을 건너며, 잠도 같이 자는 밀접한 관계로 외롭지는 않았을 것이라는 생각이 들었다. 때로는 모래바람으로부터 주인의 생명을 지켜주기도 하고, 고요한 사막의 밤하늘 아래서 든든한 경비역할도 했을 것이다. 이렇듯 낙타는 사막에서 대상이나 구도자나 탐험가와 같은 운명이었다. 우리는 육체적으로 많은 일을 하며 고달프게 살았던 과거보다 편해진 오늘을 행복으로 생각하지 않는데, 관광객만을 실어 나르는 낙타들은 그전보다 좋다고 생각할까.

낙타의 등에 얹힌 안장의 빛깔들이 유난히 알록달록 화려하다. 안장은 단조로운 모래사막에 서 있는 낙타를 알아보게 하는 유일한 이름표 같았다. 무거운 짐을 지고 뜨거운 사막을 건넜던 낙타를 구별하는 것이 겨우 안장의 빛깔과 무늬라는 것에 오히려 가슴이 아팠다. 그 아픔을 떠올리자 낙타가 걸을 때마다 울리는 방울소리가 애절하게 들렸다. 낙타야! 너를 보면 왠지 연민이 일어나는 구나! 그래도 지금은 행복하다고 말할 수 있니?

모래썰매장에 이르자, 몰이꾼이 무엇인지 모를 소리를 내자 낙타들은 한꺼번에 앉았다. 모두들 낙타에서 내리며 재미있었다고 말하면서, 어떤 낙타에서 방울소리가 났느냐며 물었다. 내 뒤에서 들렸다고 했더니, 뒤에 탔던 사람들은 앞에서 울렸다고 한다.

우리는 서로 의아하게 생각하며 다섯 마리의 낙타를 살펴보았다. 방울은 바로 내가 탄 세 번째 낙타의 목에 걸려 있었다. 방울소리로 서로 유대감을 가지며, 살아 있음을 알리는 것 같았다.

우리가 방울소리에 끌린 것은 모래밖에는 볼 것이 없는 고요하고 단순한 환경 때문이었던 것 같다. 멀리 울리는 낙타 방울소리는 끝없는 사막을 걷는 사람들의 감각을 환기시키는 유일한 도구가 아니었을까. 낙타의 방울소리는 동행을 알리는 소리였고, 움직일 때마다 고요함을 깨우고, 더위에 지친 몸에 활력을 불어넣는 소리가 아니었을까.

낙타의 방울소리가 마음에서 떠나지 않고 계속 울린다. 그 울림이 없었다면, 낙타를 오락의 대상으로만 즐겼을 것이다. 오랜 시간이 흘렀어도 낙타의 방울소리는 내 가슴에 동행을 암시하고, 생명을 일깨우는 소리로 새겨졌다. 그 소리는 살아 있는 자의 것이었다.

명절이 오면

설날이나 추석명절이 가까워지면 공연히 마음이 쓸쓸해진다. TV는 고향으로 가는 사람들에게 교통편을 신나게 안내하는데, 고향 없는 내게 명절은 무엇을 잃은 듯 허전하기만 하다. 긴 시간 동안 차 속에 갇혀있는 사람들이 즐거워하는 것을 보면 고향으로 가는 것이 무척 기쁜가 보다.

어렸을 때는 새옷을 입는 기대로 명절을 손꼽아 기다리는 즐거움이 있었다. 어른이 된 후로는 새옷과 맛있는 음식에도 관심이 없어지고, 명절은 조상께 차례를 지내는 일과 일가친척을 만나는 일로만 남았다. 그래도 명절을 기회로 우리나라 풍속인 떡국이나 송편을 만들어 먹으며 기쁨을 얻으려고 애쓰지만, 먹는 것으로는 텅 빈 마음이 채워지지 않는다.

교통체증으로 많은 시간을 허비하는 어려움도 아랑곳하지 않고 달려가는 사람들이 마냥 부럽다. 고향이 무엇이기에 명절이면 무조건 가는 사람들이 신기하기도 하고 궁금하기도 하다. 그 궁금증은 은행에서 발간한 조그만 소식지의 서문에서 풀렸다. "바닷물이 썩지 않는 것은 3%의 소금 덕분이고, 거목이 쓰러지지 않는 것은 보이지 않는 뿌리 덕분이며, 삶이 메마르지 않는 것은 추억할 고향이 있는 덕분입니다." 바로 고향을 가지지 못했기 때문에 언제나 명절은 내게 허기를 주었었구나.

오랜 삶을 사는 동안 어려운 일에 부닥칠 때면, 고향에 가서 해법을 구한다는 사람들이 있다. 어떤 작가는 귀가 아프도록 파도소리를 들어야 실타래처럼 얽혔던 문제가 풀린다고 한다. 수필가 목성균은 그의 유고집 「생명」(2004)에서 '고향은 사라져가도 내리는 눈발 속에 내 고향이 남아 있다는 것이 나의 재산인데 누구에게나 물려 줄 수 없는 무형의 재산일 뿐이다.'라고 말했다.

이렇듯 무형의 재산, 고향을 가지지 못한 자는 정신적으로 의지할 곳이 없다. 그곳에 가면 왠지 모르게 마음이 편안해지고, 새로운 힘을 얻으며 미래에 대한 꿈이 용솟음치지 않을까.

작곡가 윤이상은 고향은 자신에게 목숨과 같은 것이었다고 술회하고 있다. 독일의 여류 소설가 루이제 린저와의 대담에서 윤이상은 자신의 음악은 모두 통영에서 출발한 것으로, 낮에는 밭에서 김을 매며 부르는 노래, 밤에는 바다에 나가 배에 앉아서 아버지와 함께 듣던 어부의 노래와 하늘에 가득한 별, 즉 한국의 고향을 서양기법으로 작곡했다고 말했다. 그렇지만 그는 생명과 같았던 고향에 끝내 살아서 오지 못했다.

고향을 가진 자는 어디서나 자신의 고향 이름만 들어도 웃으며 행복해한다. 이런 사람들에 비하여 나는 무엇인가 모르게 늘 그리움을 안고 산다. 나이가 들수록 더해지는 그리움 그것은 고향부재에서 오는 것임을 늦게야 알았다. 그러면서도 그 그리움을 가라앉힐 수 있는 길을 지금까지 찾지 못했다.

나처럼 고향이 없는 서울 사람들은 언제나 긴장을 풀지 못하고 살아가느라고 이웃에 무심하고 잰걸음으로 살아 갈 수밖에 없다. 거기에 요즘 세상이 실용이라는 물질적인 측면으로만 발전하니, 그 문명을 따라가느라고 항상 허우적거리며 살아갈 뿐이다.

고향 있는 사람들은 고향 입구에 있는 당산나무만 보아도 마음이 평안해지고 함께 살았던 사람들을 만나면 그냥 반갑고 기쁠 것 같다. 이것은 농경사회에서 선대들이 누렸던 공동체적 감정으로 짐작된다. 그래서 울적할 때 불쑥 가고 싶은 고향이 있다는 것은 삶을 윤택하게도 하고 새롭게 변화시키는 계기를 준다. 마음이 심란할 때 부담 없이 갈 수 있다는 것 자체가 현실의 고통을 견디는 밑거름이 되지 않을까.

그러고 보니 이름난 예술가들은 고향이 있었기에 훌륭한 작품을 창조하지 않았을까 생각해본다. 조그만 들꽃조차 보지 못하고 메마른 서울에서 살아온 내가 때로는 원망스럽다. 이제라도 기술문명이 급속하게 전파되는 정보사회로 불안과 공허만 존재하는 서울을 떠나 들길에서 들려오는 자연의 소리를 찾아 나서고 싶다. 하지만 고향을 대신하여 자연을 찾아 나서려고 해도 길들여진 곳조차 없으니 주저하게 된다.

없는 고향을 갖고 싶은 것은 과거로 돌아가려는 것이 아니라, 현대문명에서 비롯되는 허기를 달래고 활력을 얻기 위함이다.

계룡산은 웃고 있네

계룡산으로 소풍 가는 날이다. 노인들의 모임인 샬롬 커뮤니티에서 가을 소풍지를 계룡산이라고 발표하는 순간, 나는 까마득하게 잊었던 6·25 전쟁 시절로 돌아갔다. 유엔군의 도움으로 우리 국군이 압록강까지 진출했을 때, 갑자기 중공군이 벌떼처럼 몰려와서 서울 사람들은 서둘러 남쪽으로 피난했었다. 그것이 1·4후퇴로 우리 집은 대전으로 갔었다. 피난민인 서울 사람들은 모이기만 하면 계룡산의 정감록을 들추면서 서울로 돌아갈 날을 기다리는 듯했다. 초등학생이었던 나는 정감록이 무엇인지도 모르고, 계룡산만 머리에 남아 있었다.

시간이 흐른 후, 정감록은 조선왕조가 망하고 계룡산 아래 새 왕조가 세워진다는 예언서임을 알았다. 그 예언서를 철석같이 믿으며, 전쟁이 그치고 평화가 도래할 날을 정감록에 의존했었던가 보다. 살기 어려운 현실에 새로운 시대가 올 것이라는 예언을 피난민은 구원자로 삼았던 것 같았다.

대학에 다닐 때 옆집 아저씨는 공무원이었고, 부인은 우리 동네에서 조금 떨어진 곳에서 공동 수돗물을 팔아 가정의 재정을 보태고 있었다. 어느 여름날 저녁 우리 집의 수돗물이 나오지 않아 옆집에 간 적이 있었다. 그때 하얀 모시 적삼과 바지를 입은 아저씨는 책을 보고 있었다. 그 순간 신선이구나! 하는 생각이 들었다. 며칠 후 아주머니는 내게 아저씨는 일본에서 법학 공부를 하고 돌아와 상공부에 근무하는데, 퇴근하면 곧바로 집에 와서 사법고시를 준비하고 있다고 자랑했다. 남편이 사법고시에 합격되리라는 소망 때문인지 아주머니는 수돗물 장사로 고생하면서도 늘 웃음을 띠고 있었다.

대학을 졸업하고 몇 년의 시간이 흘렀는지 아득한 어느 날, 한 동네에서 살았던 친구에게서 잊었던 옆집 아저씨가 행방불명되었다는 소식을 들었다. 그 부인과 아들이 아저씨를 찾으려고 전국을 헤매었는데, 계룡산에서 도를 닦고 있는 아저씨를 발견했다고 한다. 그 후로 계룡산에 대한 신비감이 점점 내 마음에 자리를 잡았고, 먼 후일 언제인가는 꼭 가보리라 마음에 심어두었다. 마음이 울적할 때면 계룡산이 떠올랐다. 그곳에 가면 미래를 열어줄 어떤 계시가 있지 않을까.

몇 년 후, 안양역 앞에서 옆집 아저씨가 종이를 펴놓고 점과 사주를 보고 있다는 소식을 들었다. 부인의 수돗물 장사로 도움을 받으며 공무원생활에 청렴했던 그 아저씨가 점쟁이로 전락했다는 소식에 마음이 아팠다. 고시공부를 했던 아저씨가 계룡산에 가서 얻은 결과가 점쟁이라니.

고위 공직자들이 부정을 저질렀다는 뉴스를 접할 때면 그 아저씨가 떠오르곤 했다. 정해진 길로만 가다가 계룡산으로 갈 수밖에 없었던 아저씨, 자신의 신분은 추락했을망정 국가의 녹은 조금도 축내지 않았던 그 아저씨를 유혹했던 계룡산은 어떤 모습일까.

1960년대까지만 해도 계룡산에 많은 신흥종교가 깃들고 있었다. 여기저기 촛불을 켜놓고 도를 닦는 사람들이 많았다고 한다. 사람들은 자연에서 어떤 새로운 힘을 얻으려고 그곳에 갔을 것이다. 결과는 알 수 없지만, 그곳을 찾았던 사람들에게 계룡산은 도피처가 되기도 했을 것이다.

오늘따라 맑은 날씨에 마음이 들떴다. 구름 한 점 없는 파란 하늘은 알록달록한 단풍의 배경이 되었다. 옆집 아저씨로 인해 오고 싶었던 계룡산에서 아름다운 단풍을 보며 나는 무엇인가 얻고 싶다는 욕심이 일어났다. 주차장에 발을 내딛는 순간부터 계룡산의 산세를 이리저리 살폈다. 햇빛에 따라 빛깔이 다르게 나타나는 단풍이 마음을 즐겁게 했다. 점심식사 후, 동학사까지 자유롭게 산책하라는 말에 가능한 사람들과 거리를 두고 천천히 걸었다. 길가에 서 있는 나무들은 곱게 물들어서 찬란하게 빛났다. 단풍을 보며 옆집 아저씨의 영혼을 이끌었던 신비함을 생각하며 걸었다.

새로운 희망을 찾으려고 이곳에 왔던 사람들은 구원을 얻었을까. 귀한 보물인 듯 소망을 품고 와서, 커다란 환상에 빠졌던 그들은 어떻게 되었는지. 어딘가 신비한 곳이 있을 것 같은데 절대로 모습을 드러내지 않았다. 그럴수록 계룡산은 웃고 있었다. 세월이 변했으니 과거는 잊으라고…. 자연은 그렇게 호락호락하지 않았다.

동창생이 남긴 것

오전 10시경쯤 현관 벨이 울렸다. 의아해서 문을 여니, 문 앞에는 경찰관 두 사람이 서 있었다. 무슨 일이냐고 묻는 내 말에는 대답도 하지 않고 "며칠 전, 이 아파트에서 일어났던 살인사건을 아시지요?" 하면서 거침없이 집안으로 들어섰다.

지난 화요일 등산에서 돌아오는데, 몇 대의 경찰차들이 경고등을 번쩍거리는 가운데 사람들이 우리 아파트 앞에 몰려 있었던 기억이 났다. 무슨 사고가 났구나! 대수롭지 않게 넘기며 집으로 들어왔었다.

등산 가방을 정리하고 저녁식사 준비에 허둥대고 있을 때 전화벨이 울렸다. 조금 전 등산에서 헤어진 친구가 "얘! 우리 여고 동창생 H가 바로 너희 아파트에서 살해되었대, 지금 5시 뉴스에 나왔어" 하고 전했다. 그제야 나는 우리 아파트 앞에 있던 경찰차들이 바로 우리 동창생 때문에 왔었다는 사실에 놀랐다.

한 순간 멍했다. 그토록 아름답고 부자로 잘살던 친구가 같은 아파트 같은 동에 사는 줄도 몰랐는데, 죽다니…. 그것도 끔찍하게 살해당했다는 뉴스에 기가 막혔다. 학교에 다닐 때 H와 나는 한 번도 같은 반에서 공부한 적이 없었다. 그래도 뛰어난 미모에 부유한 집안의 딸이라는 소문으로 H를 알고 있었고, 우리 학교 전교생 모두가 H를 모르는 사람이 없을 정도였다.

이튿날 아침 신문에 H의 살해사건이 커다란 제목으로 실렸다. 경기도 용인시 수지에 분양 받은 아파트에 입주하기 전, 전세로 있었던 것이며 남편과 함께 살해되었고, 거실에는 화투를 친 흔적과 찻잔이 대여섯 개 있는 것으로 보아 살해범은 아는 사람일 것으로 추정되며, 자식들은 모두 미국에 있다는 내용이었다. 같은 울타리 안에서 함께 공부하며 성장했던 H의 비통한 죽음이 새삼 인간의 운명을 생각하게 했다.

경찰은 H에 관하여 여러 가지 질문을 했다. H와 나와의 관계를 그대로 말했다. 여학교 시절부터 예쁘고 부러움의 대상이었고, 결혼 후에도 잘살고 있다는 소식을 들었지만 가까운 사이는 아닐뿐더러 만난 적도 없다고 말했다. 그런데도 경찰은 졸업앨범을 보여 달라고 해서 앨범에서 H의 모습까지 찾아 주었다. 앨범을 보던 한 경찰이 "정말로 미인이군요."하면서 앨범을 이리저리 뒤적이는 동안, 다른 경찰은 이것저것을 다그치듯 물었다.

H의 죽은 원인을 나에게서 찾으려는 것 같아 불쾌했다.

두 달 정도쯤 지났을 때, 범인은 부동산업자였고 경찰에게 쫓기다가 교통사고로 죽었다는 기사가 결론이었다. 동창생들은 그 기사의 내용을 믿지 않았고, 무능을 감추려는 경찰들의 계략으로 여겼다. 그렇게 진실은 밝혀지지 않고, H는 원혼으로 떠도는 가운데, 시간은 모든 것을 깨끗하게 지우며 흘렀다.

뜻밖에 경찰관이 또 방문했다. 더운 여름이라 시원한 오렌지 주스를 내놓는데, 뜬금없이 경찰은 "아주머니와 동창생들이 선망했던 H는 행복한 사람이 아니었습니다. 행복한 사람은 아주머니입니다."라고 말했다. 내가 무슨 근거로 그런 말을 하느냐고 물었다. 그랬더니 "우리는 항상 많은 사람을 만나고 심문하는 직업에 종사하고 있어서, 몇 마디의 말을 나누면 그 사람에 대하여 80퍼센트 이상 알게 됩니다."라고 했다. 경찰이라는 특수한 직업에 종사하면서 터득했다는 의견에 무어라 대답하지 못했다.

그 후로 가끔 나 자신에게 '내가 정말 행복한 사람일까' 물어보곤 한다. 사실 나는 불행하다고도 행복하다고도 생각할 틈 없이 살아왔다. 그런 내가 경찰관에게 행복한 사람으로 비친 것은 무엇 때문일까. 행복을 가진 자는 행복을 모르고, 다른 사람의 행복을 그리워하는지도 모른다. 혹 행복한 인간으로 보였다면, 아마 그것은 평생 책과 함께 살아온 덕이 아닐까.

사실은 나도 남들처럼 부유하게 살고 싶었지만 능력이 없었을 뿐이었다. 하지만 책과 함께하는 시간은 늘 이런저런 즐거움을 주었고, 가질 수 없는 것을 편안한 마음으로 버리게 했다. 그뿐만 아니라 체험하지 못한 세계에서 의미를 깨닫는 기쁨에 빠지다보니, 세상의 잡다한 일상에 무심해지고 더욱 단순하고 소박한 나만의 삶의 길로 들어섰다. 그것이 나를 잔잔한 행복의 길로 이끈 것 같다.

누구에게든 삶의 끝 즉 죽음이 있다는 것을 알고 있었지만, H처럼 무참하게 세상을 떠나는 건 전혀 예상하지 못했다. 얼마 전에 보았던 1인극 「염쟁이 유씨」의 대사가 떠올랐다. "좋은 삶은 좋은 죽음으로 연결된다.…" 하지만 그것이 어디 마음대로 되는 일인가. 그저 평범한 사람으로 사는 것이 행복이며, 자연스럽게 죽음에 이르는 것이 복이었다. 여기에 욕심을 더 부리자면, 남은 사람들에게 그리운 사람으로 기억될 만큼 깨끗하게 살다가 평안한 죽음을 맞고 싶을 뿐이다.

시한부 삶을 통고 받은 자가 하루하루를 소중하게 여기며 죽음을 준비하는 것도 어떤 면에 있어서는 축복이 아닐까. 죽음이 있기에 귀중한 삶이었다. 「염쟁이 유씨」를 통해 잘못 살아온 죽음들을 보면서, '잘산다는 것은 머리로 계산된 삶이 아니라 가슴으로 느끼는 삶'이라는 믿음을 얻었다. 살아서는 한 번도 이야기를 나누지 못했던 동창생 H의 죽음이 내게 어떻게 살아야하는가 헤아리게 했다.

연꽃에 취한 날

7월 중순에 이르면 M화가는 세상의 모든 일을 제치고 연꽃을 찾아 덕진공원으로 달려간다고 한다. 그곳에는 광활한 호반이 있으며, 연꽃이 피는 모습이 장관이라고 신나게 말했다. 그 말을 듣는 순간, 그런 열정이 그림에 감동을 주고, 예술가로서의 기쁨을 만끽하는 M화가를 부러워했었다.

M화가를 불러내는 연꽃을 보기 위해 어느 날 문인 동료 세 사람과 더불어 전주행 고속버스에 올랐다. 서울을 벗어나자 버스 창으로 보이는 푸른 나무에 생기를 받으며 연꽃을 본다는 기대로 마음이 부풀더니, 동화집 심청전의 표지에서 보았던 연꽃까지 떠올랐다.

덕진공원으로 들어서자 신석정 시비가 먼저 눈에 들어 왔다. 좋아하던 시인의 시비에도 불구하고, 바람에 밀려오는 연꽃 향기에 이끌려 발걸음을 재촉했다.

연꽃들판이 나타나자, 모두들 자신도 모르게 "아! 하고 감탄했다. 끝없이 보이는 연꽃과 짙푸른 잎들이 바다처럼 널려 있었다. 한동안 멍하니 바라보다가 가까이 다가갔다. 파란 잎 위에 뻗은 연꽃은 저마다 빼어난 자태로 서서 조금도 움직이지 않았고, 커다란 잎은 우산을 펼친 듯 넓어서, 뿌리가 박혀 있는 물은 보이지 않았다.

한 줄기에 한 송이의 꽃만이 곧게 서 있었다. 연꽃의 모습이 고고했다. 넝쿨도 가지도 없이 오직 짙푸른 잎을 밑받침으로 피어난 연분홍 꽃잎에 물을 부으면 물방울로 또르르 굴러 내려올 만큼 정갈했다. 만지고 싶은 충동에 손을 뻗으니, 가지에 촘촘하게 박힌 가시들이 속세인 나를 밀어내는 것 같았다. 서운함에 뒤로 물러나 응달진 곳으로 와서 향기를 맡았다.

내가 있던 자리에 스님 두 분이 오시더니 카메라 렌즈의 초점을 연꽃에 맞추려고 애쓰고 계셨다. 뜨거운 땡볕에서 꽃을 찍으려는 스님들의 진지한 모습이 예사롭게 보이지 않았다. '스님들도 연꽃을 보려고 이곳에 오셨구나!'라는 생각에 미치자, 그 꽃이 더욱 귀하게 느껴졌다. 무엇을 위해 찍는지 궁금증이 일어났다. 마침 카메라 렌즈를 잠시 조정하는 사이 얼른 다가가서 "스님 연꽃을 찍으십니까?" 하고 물었다. 대답 대신에 빙긋이 웃는 스님 곁에서 연꽃을 찍는 스님의 동작 하나하나를 유심히 살펴

보았다.

시간이 조금 지나자, 스님은 웃으며 우리들에게로 돌아오셨다. 왠지 모르게 스님에게 말을 걸고 싶어 "스님! 연꽃 위에 재생한 심청이를 불가에서는 어떻게 해석하는지요?"라고 물었다. 스님은 조금 머뭇거리더니, "연꽃은 불가(佛家)의 상징입니다. 이를테면 화연(化緣)이라고나 할까…." 하며 말씀을 흐렸다. 불자가 아닌 나는 화연(化緣)의 뜻을 헤아리지 못해서 그 의미를 어떻게 물어야 할지 머뭇거리며 스님을 따라 걸었다.

연꽃의 자생지 1만 3천여 평에 달하는 넓은 연꽃밭 위를 가로지르는 연화교에 들어서자, 스님이 우리에게 "차 한 잔 하시겠습니까?"라고 물었다. 우리는 눈짓으로 동행을 약속하며 스님 뒤를 조심조심 좇았다. 땀이 등줄기를 타고 내려오는 데도 마음은 더위를 잊은 채 걷다가 보니, 덕진공원 후문을 나와 길을 건너고 있었다. 스님은 잠시 멈추더니, 휴대전화로 누구인가를 찾는 것 같았다. 그러자 이씨 종친회라는 간판이 달린 집의 옆에서 여인이 나와 밝게 웃으며 합장을 했다. 그 여인에게 우리를 소개하고 차를 마시러 왔다고 말씀하셨다. 그때 웃음으로 안내하는 그 여인의 인상이 퍽 맑게 보였다.

스님을 따라 들어서자, 방 두 개와 부엌이 한눈에 들어왔다. 아주 작고 소박한 집이었다. 마당에는 돌절구와 아기자기한 작은 꽃들이 예쁘게 피어서 기쁨을 주었다. 대문 오른편에는 붓꽃이 싱싱하게 피어 있고, 왼편에는 채송화가 앙증맞게 땅에 붙어 있다. 쥐똥나무로 된 낮은 울타리는 아늑한 정원의 멋을 풍겼다.

아담한 정원에 취하여 있는 동안 여인이 차를 가지고 왔다. 연꽃 받침에 연꽃향내를 담은 차였다. 해질녘에 덕진공원에 들어가서 차 봉지를 연꽃잎에 묻어 두었다가 이튿날 아침에 가서 연꽃 향이 배인 차 봉지를 빼내어 가지고 온 것을 달였다고 한다. 그 차를 마시는 순간, 세상이 별세계인 듯 아련했다. 그때 스님은 우리에게 "이 보살님은 연꽃보살입니다"를 서두로 이야기하는데, 연꽃보살이라는 이름이 너무 잘 어울린다고 생각했다. 연꽃보살은 함박꽃처럼 웃으며, "아침에 나갈 때는 문 왼편에 있는 채송화가 방긋 웃어주고, 오른편에 있는 붓꽃은 저녁 늦게 돌아오는 내게 환하게 밝혀준답니다. 그리고 덕진공원의 연꽃을 바라보기 위해서 시멘트벽돌의 담을 낮게 자르고 쥐똥나무로 담을 가리었습니다."라고 사근사근히 말했다. 우리들은 서울에 돌아가야 할 시간도 잊은 채, 연꽃 향내와 연꽃보살의 말에 취하여 덕진공원의 연꽃을 한없이 바라보았다.

연꽃보살은 얼굴에 화장을 전혀 하지 않았고, 파마도 하지 않은 머리를 하나로 질끈 묶었다. 위의 옷은 삼베로 된 것이었고, 바지는 희미한 회색빛으로 너무 낡았다. 그런데도 그 여인의 맑은 얼굴과 해맑은 미소가 신선한 아름다움으로 보였다. 짙은 화장에 익숙한 우리들은 자연의 얼굴이 이토록 아름답다는 생각을 처음으로 느꼈다. 바로 이것이 잃어버린 줄도 몰랐던 인간 본연의 모습이 아닐까.

진흙 구덩이에서 깨끗하게 피어난 연꽃과 세상에 물들지 않은 연꽃보살은 정말로 현대생활에서는 맛보지 못했던 진솔한 모습이었다. 연꽃과 함께 사는 연꽃보살은 나이도 짐작할 수가 없다.

날이 저물어 서울로 돌아오는 버스 안에 사람들은 모두 잠들어 조용하다. 겨울에 눈이 오면 연실(蓮實)을 보러오라는 연꽃보살의 인사말이 내게 겨울의 연밥을 꿈꾸게 했다. 그 꿈과 함께 닮고 싶은 연꽃보살의 맑은 얼굴이 서울까지 계속 따라왔다.